# 魔法の発音!
## ハイディの法則77
### The Hyde Principle

ハイディ矢野＝著
さとう有作＝絵

講談社

# ハイディの法則77

## Let's give it a try!
## 「君の英語、悩みの種が自慢の種に!」

ハーイ! ハイディ矢野です!
この本を手にした君は、
「なんとか英語をモノにしたい!」
「ネイティブのようにしゃべれたら…」と、
思っているんじゃないかな?

中学・高校・大学と、10年も勉強しているのに、いまだに
『ジャパニーズ・イングリッシュ…』。
もしかしたら、「今さら勉強しても、どうせ無理に決まってるし…」
と決めつけているのでは???

そんな君に、僕からのとっておきの
**ネイティブ英語習得法『ハイディの法則77』**
をプレゼントしよう!!

英会話の本は五万とあるけれど、この
本は肩の力を抜いて、
とにかく楽しんで読んでいってほしい。
添付のCDも、ラジオを聞くように気楽に
聞いてごらん。
英語ってこんなに簡単でおもしろいモ
ノなんだ、ってきっと思えるはず!
まさに「目からウロコ」がボロボロ落ちる
事まちがいなし!

この本を書くにあたって、
まず僕の体験談から入っていくことにしよう。

英語を、早稲田大学教育学部で16年、日米会話学院で20年、さらに全国ネットラジオ番組「百万人の英語」で13年、教えてきた結果、みんながレオナルド・ディ・カプリオやブラッド・ピット、ジュリア・ロバーツのようにカッコよく英語をしゃべりたいという夢を持っていることが十分わかった。
だけど、方法論がないが故に、また一貫して日本の語学教育がみんなを英語嫌いにしてしまっているので、結局のところしゃべれない人が大半だ。

僕のまわりには、2、3年で日本語をマスターしてしまう外国人が多々いる。
これは、外国人が徹底的に「音」から日本語に入ってくる結果だと思う。
言うまでもないけれど、日本はその逆で、読む・書く・訳す・聞く・話すの順序で教育されるので、何年やっても結果は同じだ。

赤ん坊でさえ、1年8ヵ月ぐらい、両親の言葉、まわりの人たちの話をひたすら聞きまくって自分の中に蓄積させる。そして話し始めて、読むのを覚えて、書くのを覚えて、という具合に、日本語も自然に覚えているはずだ。

だからこの本で、自然の流れにそって、CDを聞きまくって、そして真似して英語を覚えれば、必ず君の夢も実現するはずだ!

## 「通じればいいじゃないか」というコメントに対して…

「通じればいいじゃないか」とか「日本語英語でどうして悪い!」というネガティブな発想をする人が多々いるけれど、これはあくまで「自己正当化」にすぎない。

日本とアメリカのビジネス関係においても「儲けさえすればいいんじゃないか」と、一方通行の商売がまかり通っているご時世、自分が言いたいことを相手に日本語英語で伝えることができたとしても、相手から君が100パーセント理解できるような英語が返ってくるとは限らない。

まず、英語が国際語として認知されているという事実を素直に受け止めて、気のきいた表現や流暢な発音を身につけることによって意志の疎通能力を高めて、世界に羽ばたいていってもらいたいと痛切に感じる。

僕はたまたま帰国子女でバイリンガルだけど、アメリカ、ヨーロッパ、東南アジアに旅行するたびに「あなたは日本人ですか？」とよく相手国の人に聞かれる。

「どうしてですか？」と聞き返すと、「あなたみたいに流暢な英語をしゃべる日本人にはあまり出会ったことがないので」と必ず言われる。

一瞬、嬉しいのだけれど、次の瞬間、「非常に屈辱的な場面をまた体験してしまったな」と心の中でつぶやく。

というのは、それだけ「日本人は英語が下手な人が多いんですね」と言われているのと同じことだからだ。

というわけで、日本語は世界で最も難しい語学とされている。
それをマスターしている君が、方法論さえ知っていれば英語をマスターできるのも夢ではない！

# それでは具体的に、日本人がなぜ英語をしゃべれないのか、原因を究明してみよう！

どうやら日本人には「しゃべれない！しゃべれない！」と言いながら、その「しゃべれない原因」を理解しようとしないために、どんなに勉強しても結局身につかずに投げ捨ててしまう傾向があるようだ。

## しゃべるための正しい方法論が日本の英語教育の中では教えられていない。

まず教わるのは、読み・書き・文法だよね？
どんなにこれらを完璧にしたところで、「頭でっかち」にはなるけれど、「しゃべる」術を知らず、受験は合格しても結局使いモノにならないケースが非常に多い！
そのために、この教育しか受けていない日本人は「英語はしゃべれなくて当たり前」という後ろ向きな概念ができあがってしまっているんだ。

**原因2** 正しい英語の習得には、正しい音をヒアリングし、何度も口に出すことが欠かせないのに、実際には正しい音を聞くことも、エクササイズ（繰り返し反復）することも、誰もしていない。

カラオケを思い浮かべてほしい。カラオケでうまく歌うには、正しい音を何度も聞いて何度も歌う練習をして、脳に音を焼き付けるよね？
英語もまったくそれと同じことなのに、これに気づいている人がいないのが現実…。

**原因3** 発音に執着しない、文法中心の読み方で教えられているので、ネイティブに日常的な言い方でしゃべられると、まったくついていけない（＝ヒヤリングができない）。

**原因4** ヒヤリングができたとしても、口に出して反復するエクササイズをしていないので、脳にインプットできずに終わってしまう。

通常、何事も脳のシステムにインプットするには60回以上の反復が不可欠なんだけど、これがたいてい5,6回、多くて10回の練習で終わってしまう。
これでは、しゃべれるようにならないのは当然だ…。

**原因5** 正しい音を適切に指導できる「バイリンガル」の先生が日本には少ない。

日本人でありながら、英語の本当の音を熟知している「バイリンガル」でなければ、日本人を指導することは難しいんだけど、どうやら日本人はネイティブによるただの「おしゃべり」を「指導」と勘違いしているみたいだ。
日本人のクセは日本人が一番わかっているし、それを直せるのも日本人ならでは、ということもわかっておこう。
ちなみに、正しい音を知らない日本人は「バイリンガル」とは言いませんよね。

さて、英語をどうしてもしゃべれない原因がわかった今、どうしたらいいのか。
ここからは、僕がお薦めするとっても効果的な対処法。

現に今まで僕が教えてきた学生や社会人たちは、これで目からウロコがボロボロ落ちて、ヒヤリングがアップ、ネイティブとの会話も自然なものになったんだ。

**僕を信じて、君の悩みの種を自分の努力で解消しよう！**

まず、今回の出版において僕は、あくまでもビギナーを対象に、とてもシンプルに法則を解説しています。

添付のCDをしっかりと聞いて、正しい音を素直に耳から聞き入れ、本に記載されているように、素直にそのままの音を口から出すエクササイズをしてみてください。

初めは不思議に思うことがたくさん出てくるかもしれないけれど、エクササイズしていくうちに、たいして難しくない上に、簡単に正しい発音ができるようになっている自分に気づくはずです！

何よりこの本には、ネイティブにはわからない日本人の発音のクセを直すトレーニングや、僕ならではの楽しいエピソードがたくさん散りばめてあります！

---

## 秘訣は
## 『正しい音を60回以上反復』です!!!
### "REPETITION IS
### THE MOTHER OF LEARNING!!!"
（反復は学習の母である）

---

最後に、本書が世に出るきっかけを与えてくださった講談社インターナショナル編集長の倉持哲夫氏、およびスタッフの立川貴代さん、カバーデザイン・レイアウトを担当していただいた井上硯滋氏と藤田祐智氏、さらに僕のフィーリングを的確に捉えた上、ふんだんにマンガを書いてくださった漫画家のさとう有作氏、そして講談社を僕に引き合わせてくれた松本道弘先生、および、原稿をまとめてくれた勢口真理さん、いろいろなアドバイスをしてくれたコーネル大学卒のJAKE REINER氏に深く感謝します。

さぁ、一緒に頑張ろう!!!

# ON YOUR MARK, GET SET, GO!!!

●イントネーション・マークは、その人がどこにストレスを置くかによって異なります。例えば I want to go home. (私は帰りたい) という場合は "I" にストレスが置かれますが、I want to go home. (自宅に帰りたい) の場合は "home" にストレスがいきます。この本のイントネーション・マークは、あくまでも目安だと思ってください。

## ハイディの法則77・目次

「君の英語、悩みの種が自慢の種に!」　2
リエゾン、ことばとことばが連結　12

**ハイディの法則**

| | | |
|---|---|---|
| ❶バラバラ | BUT I | 16 |
| ❷ゲロゲロ | GET OVER | 18 |
| ❸ガラガラ | GOT UP | 20 |
| ❹ワラワラ | WHAT ARE | 22 |
| ❺んだんだ | FORGOTTEN | 24 |
| ❻パラパラ | COUPLE OF | 26 |
| ❼イゼロ | IS THAT ALL | 28 |
| ❽ハルハル | HOW DO I | 30 |
| ❾ハバラ | HOW ABOUT A | 32 |
| ❿シュルヴ | SHOULD HAVE | 34 |
| ⓫ゲラゲラ | GET A | 38 |
| ⓬シュラシュラ | SHOULD I | 40 |
| ⓭クライ | COULD I | 42 |
| ⓮ウライ | WOULD I | 44 |
| ⓯ゴナゴナ | GOING TO | 46 |
| ⓰グラグラ | GOOD AFTERNOON | 48 |
| ⓱ゴルゴ | GO TO | 50 |
| ⓲ワルワル | WHAT DO YOU | 52 |
| ⓳ビュールフォー | BEAUTIFUL | 54 |
| ⓴チュル | WANT YOU TO | 56 |
| ㉑ハラハラ | HAD A | 60 |
| ㉒ボラボラ | BOUGHT A | 62 |

| | | |
|---|---|---|
| ㉓あソレソレ | I THOUGHT IT | 64 |
| ㉔イゼリ | IS IT ENOUGH | 66 |
| ㉕グリグリ | GOOD EVENING | 68 |
| ㉖シリ | CITY | 70 |
| ㉗キャンキャン | CAN | 72 |
| ㉘8・9・10メソッド | WHAT DID YOU | 74 |
| ㉙カッパ | A CUP OF | 76 |
| ㉚フォロフォロ | PHOTOGRAPH | 78 |
| ㉛ウズウズ | AS SOON AS | 82 |
| ㉜ロブロブ | OUT OF | 84 |
| ㉝ゲリゲリ | GETTING | 86 |
| ㉞アロ | A LOT OF | 88 |
| ㉟エイボル | ABLE TO | 90 |
| ㊱ペロペロキャンディー | HOSPITAL | 92 |
| ㊲お蔦（つた） | WHAT'S THAT | 94 |
| ㊳藤十郎 | TOLD YOU | 96 |
| ㊴イライラ | IT UP | 98 |
| ㊵ディラディラ | TURNED IT UP | 100 |
| ㊶イロイロ | IT OVER | 106 |
| ㊷ディロディロ | TURNED IT OVER | 108 |
| ㊸イリイリ | FILL IT IN | 110 |
| ㊹ディリン | TURNED IT IN | 112 |
| ㊺奈良 | NOT AT ALL | 114 |

| | | |
|---|---|---|
| ㊻レッド | UNITED | 116 |
| ㊼牛丼?うな丼?天丼? | PARDON | 118 |
| ㊽バロー+L | BOTTLE | 120 |
| ㊾忠犬ハチ公 | BUT YOU CAN | 122 |
| ㊿タントタント? | IMPORTANT | 124 |
| 51ズイズイずっころばし | EASY | 128 |
| 52サントリー part1 | LATELY | 130 |
| 53サントリー part2 | LOUDLY | 132 |
| 54忍者殺法ドロン!"T&TH" | DO YOU LIKE HIM? | 134 |
| 55親ガメ子ガメ | WHAT TIME | 136 |
| 56-cally | PRACTICALLY | 138 |
| 57バカだ | BACK OF THE | 140 |
| 　バカだ練習編 | | 142 |
| 58スイスイ | SEE | 144 |
| 59AND→AN→'N | CREAM 'N SUGAR | 146 |
| 60君!カゼ気味? | GIMME A BREAK! | 148 |
| 61REALLY | | 152 |
| 62THIS/THATは「さしすせそ」で | | 154 |
| 63ベンベン | I'VE BEEN | 156 |
| 64ひょっとこ | HOW LONG | 158 |
| 65ウルウル | WOULD'VE | 160 |
| 66monthsは「マンツ」で | | 162 |
| 67あらエッサッサ〜 | OUGHT TO | 164 |

| ⑱アナーポー？ | AN APPLE | 166 |
| ⑲20,30はリエゾンで！ | TWENTY/THIRTY | 168 |
| ⑳マラドーナ | MATTER | 170 |
| ㉑ゲラーラ | GET OUT OF | 174 |
| ㉒ガッチャマン | GOTCHA | 176 |
| ㉓ワンワン | WHERE DO YOU | 178 |
| ㉔サンマだ！ブリだ！カツオだー！ | SOME OF THE | 180 |
| ㉕お口を開けて「アーン！」 | JOHN, BOB, MOP, BOX... | 182 |
| ㉖地震の余波？"N" | QUESTION | 184 |
| ㉗路肩？ユカタ？ルッカッタ！ | LOOK AT THE | 186 |

### ハイディの法則・特別編

| WORKSHOP 1 | "th"の発音 | 36 |
| WORKSHOP 2 | 「え」段の法則 | 58 |
| WORKSHOP 3 | 「あ」の法則 | 80 |
| WORKSHOP 4 | 5W's＆1Hの法則 | 102 |
| WORKSHOP 5 | BACK TO THE BASICS（基本に戻って） | 126 |
| WORKSHOP 6 | NUMBERS（数字） | 150 |
| WORKSHOP 7 | 英語の分類（英語にはレベルがあることを理解しておこう！） | 172 |

| 「え」段の法則に適用する単語はこんなにあります | 188 |
| 動詞句(TWO-WORD VERBS)にはこんな変化が!! | 190 |
| ハイディの法則77いかがでしたか？ | 191 |

# ハイディの法則

# リエゾン、ことばとことばが連結

## 「ら行音」

信じられないかもしれないけれど、ネイティブがしゃべる英語には**らりるれろ**の音が多いことに気づいていたかな？？？

ではここで……**らりるれろ in Action !!**

- 「ら」の部門 → Wha<u>t a</u> beautiful dáy!　（ラ）
- 「り」の部門 → Please kee<u>p it</u> in mínd.　（ペ リ）※え段の法則参照
- 「る」の部門 → Wha<u>t a</u>re you doíng?　（ル）
  Wha<u>t d</u>o you want to dó?　（ル）
- 「れ」の部門 → He líves in the Uni<u>te</u>d Státes.　（レ）
- 「ろ」の部門 → Let's ge<u>t o</u>ff the bús.　（ロ）

注：リエゾンされて発音される「らりるれろ」は純粋に日本語の「らりるれろ」であって、"R"でも"L"でもないので、要注意だぞ！

| 1. | ら | り | る | れ | ろ |
| 2. | LA | LI | LU | LE | LO |
| 3. | RA | RI | RU | RE | RO |

『ハイディの法則』を完璧にマスターしたかったら、とくにこの「ら行音」に関しては徹底的にCDを何回も何回も聞いて練習して、必ず君のモノにすること！決してあなどらないことです！

# リエゾン (Liaison＝linking of words)

ラジオでよく聞く、
## "Let's check it óut!"
（レッツ　チェックイット　アウト！）

▶ レッツチェケラウッ!
（ネイティブ）

ちょっと前に流行(はや)った、
## "It's automátic♪"
（イッツ　オートマチック♪）

▶ イッツ　オーロマリック♪
（ネイティブ）

これでもわかるように、英語には
「言葉と言葉を切り離さずに発音する」
という法則があるんだ。

アメリカ人の日常会話の発音が従来のものとだんぜん違うのは、このリエゾンが多く使われるからで、日本人が聞き取ることもできないのは、このリエゾンのルールをよく知らないからだと思います。

# ハイディの法則

## 基本のルールは：

例）
get up（ゲット　アップ）
vc v

eat it up（イート　イット　アップ）
vcvc v

▼ 1ヵ所リエゾン！　　　　　▼ 2ヵ所リエゾン！

# ゲラップ　　イーレラップ

※　v: vowel 母音　　c: consonant 子音

いずれも、**母音(V)-子音(C)-母音(V)**
の順になったときに連結（リエゾン）されて発音されているのが
わかるかな？？？

なにしろ、TかDが母音に挟まれている名前の持ち主も
全員リエゾンの対象だ。アメリカ人が日本人の名前を
次のように発音するのも理解できるね？

> 山田(Yamada)さん　→　やまラさん
> 岡本(Okamoto)さん　→　おかもロさん
> 豊田(Toyoda)さん　→　とよラさん　　などなど…….

※ただし、一語で第一アクセントがあるものはリエゾンされないので注意！
悪い例）return（Xリラーン）／ pretend（Xプリレンド）／ hotel（Xホレル）

注:リエゾンされて発音される「らりるれろ」は
純粋に日本語の「らりるれろ」であって、"R"でも"L"でもないので、要注意！

# 言葉のバリエーション

言葉には、上品な言い方からひどく乱暴な言い方まで、
いろいろあります。本書がとりあげる言い方にランクをつけるなら、
第2番目の言い方、つまり日常会話(colloquial)としての言い方です。

1. What are you dóing?　（何してるんですか？）
2. Whaルユ dóing?　　　（　〃　）
3. Whacha dóin'?　　　（何してんの？）
4. Cha dóin'?　　　　　（　〃　）

---

1. What the hell(fuck) are you dóin'?
   （てめぇ、何やってんだよ！）
   （注：これは非常に下品な言い方で、怒りの感情をぶつけるときに使うので
   けっしてふだんの会話では使わないように！）

2. What in the world are you dóing?
   What on earth are you dóing?
   （注：これらは「いったいぜんたいなにをしているの？」という
   驚きの表現なので、覚えておこう）

# ハイディの法則❶

# バラバラ

## ミニダイアローグ

**A : Let's gó.**
**B : But I'm not réady.**

訳：A：行こうぜ。
　　B：まだ用意できてないよー！

## POINT

But I（バット　アイ）⇦ 学校英語

リエゾン！

「バライ」← ネイティブ

さぁ、言ってみよう！

```
「バラバラバラバラバラバラ 」
「バライバライバライバライバライバライ 」
A:「Let's go!」
B:「バライm not ready!」⇨60回エクササイズしよう！
```

## ミニストーリー「ヒロ君の冒険」

Grandma: Have one more onigiri.
Hiro: But I gotta gó! ※got to=gotta
　　　（バライ ガラ go）

おばあちゃん：もうひとつおにぎりどう？
ヒロ：でも、もう行かなきゃ！

## FOLLOW-UP DIALOG

# FRIDAY NIGHT（金曜の夜）

HIRO: Let's gó!
JACK: But I'm not réady!
　　　（バライム）

ヒロ：行こうよ。
ジャック：まだ準備できてないんだけど。

HIRO: But I wanna go nów.
　　　　　　（バライ ワナ）
JACK: Well, hold your hórses!
　　　 Calm down.

ヒロ：早く行かなくちゃいけないんだよ。
ジャック：そんなにあせるなよ。落ち着くんだ。

HIRO: But I'm impátient.
　　　（バライム）
　　　 I'm leaving withóut you.

ヒロ：がまんできないから、
　　　君をおいて一人で行くよ。

### COFFEE BREAK

会話文の中の"hold your horses"の語源は、西部開拓時代に幌馬車が行き交っていた頃に使われていた「馬車を止める」という意味。出遅れて先に行っている連中に「ちょっと待ってくれー！」と言いたい場合は"Wait up!"（リエゾンをしっかり使って「ウェイラップ！」）と呼びかけて待ってもらおう！

---

Grandma: Just óne more súshi?

Hiro: But I'm gonna be láte! ※going to=gonna
　　　（バライム ガナ be late!）

おばあちゃん：もうひとつお寿司どう？
ヒロ：でも飛行機に乗り遅れちゃうよ！

# ハイディの法則 ❷

# ゲロゲロ

## ミニダイアローグ

A : Get over here, qúick!
B : Wów! What a beáutiful car!
（ワラワラ参照）

訳:A:ちょっと来て! 早く!
　　B:わぁ! かっこいい車だぁ!

## POINT

get over（ゲット　オーバー） ⇦ 学校英語

 リエゾン!

## 「ゲローver」 ← ネイティブ

「ゲロ」の「ロ」は、決して「LO」でもなく「RO」でもなく、純粋な日本語の「ロ」の音なので要注意!

さぁ、言ってみよう!

「ゲロゲロゲロゲロゲロ 」
「ゲローver、ゲローver、ゲローver、ゲローver 」
「ゲローver here, quick!」⇨ 60回エクササイズしよう!

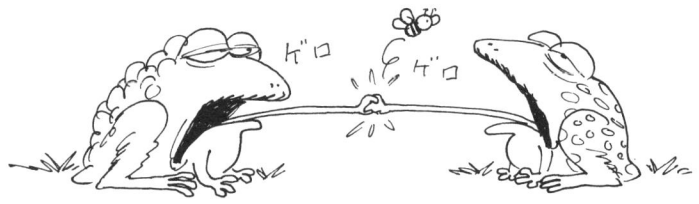

### ミニストーリー「ヒロ君の冒険」

Mom: Don't forget your sócks.
Hiro: Ok, ok alréady.

お母さん:靴下忘れないでね。
ヒロ:はいはい、もう入れたよ。

※alreadyの"l"（エル）は強調せずに「オウ」と発音し、
"r"（アール）に焦点を絞って発音すること。

## FOLLOW-UP DIALOG

# BEING SICK（カゼひいちゃった）

A: Let's get over to the áirport.
　　　　　　（ゲロ）
B: Ókay. Let's get on the bús
　　　　　　　（ゲロ）
　 from Shínjuku.

A: I hope you can get over
　 your cold sóon.（ゲロ）
B: Yéah, we still have a long
　 way to go, dón't we?

A：空港に行こうか。
B：そうだね。新宿からバスに乗ろう。

A：早くカゼが治るといいね。
B：そうだよね。まだ先は長いよね。

A: I'm súre, by the time we reach Ethiópia, I'll gét óver it.
B: Sure hópe so.　　　　　　　　　　　　　　　（ゲロ）

注：B: sure hope soの前にくる"I"（アイ）は、くだけた会話なので、あえて省いてある。
A：ま、エチオピアに着くまでには治ってるとおもうけど。
B：だといいけどね。

### COFFEE BREAK

君は時代劇を見て「ガマの油をちょっとつけて」なんていうくだりを耳にしたことがあるかな？今現在、科学者たちはアフリカに生存するカエルを対象に研究を行っている。このカエルをバクテリアだらけの水槽に入れたとしても、自分の体内からどんなバクテリアにも抵抗できる化学物質を出すことができる。従って、これをエイズとかガン治療に応用することができないかという内容だ。となると、まんざら「ガマの油」もウソじゃなかったんだなぁ？？

Mom: And here's some tíssues.
Hiro: Móm, I réally gotta get over to the aírport!
　　　　　　　　　　　　　　　（ゲロ）
お母さん：じゃ、このティッシュもね。
ヒロ：ママ！本当に早く空港に行かなきゃ!!

# ハイディの法則 ❸

# ガラガラ

## ミニダイアローグ

A : What time did you get up?（法則11ゲラゲラ参照）
B : I got up at eight.

訳：A：今日何時に起きた？
　　B：8時に起きたよ。

## POINT

Got up（ゴットアップ） ⇦ 学校英語

▼ リエゾン！

「ガラップ」 ← ネイティブ

さぁ、言ってみよう！

「ガラガラガラガラガラガラ 」
「ガラップ、ガラップ、ガラップ、ガラップ、ガラップ 」
「I ガラッパレ eight.」⇨ 60回エクササイズしよう！

### キミ知ってた？

海外旅行に出かける時には必ず写真付きの身分証明書を持ち歩く事！いざ、という時には必ず役に立ちます。

### ミニストーリー「ヒロ君の冒険」

Hiro: Héllo, Í gotta get on United Flight 746.
　　　　　　　　　（ゲロン）
C.S.R.: Yóur name pléase?　※C.S.R.= Customer Service Representativeの略
Hiro: Harahiroshi.

ヒロ：すみません。ユナイテッド航空の746便に乗らなきゃいけないんですけど…
グランドホステス：お名前をお願いします。
ヒロ：はらひろしです。

## FOLLOW-UP DIALOG

# AFTER DINNER（ディナーが終わって）

A: Why are you léaving?
B: I gotta gó.
　（ガラ）

A: Why?
B: I gotta go to béd.
　（ガラ）

A：もう帰るの？
B：もう行かなきゃ！

A：なんで？
B：もう寝なくちゃ！

A: So sóon?
B: Í gotta get up éarly.　※"gotta" = "got to"
　（ガラ）

A：こんなに早く？
B：明日早く起きなきゃいけないのよ！

---

### *COFFEE BREAK*

会話文では「ガラガラ」言ってるけど、正式な英語はあくまでも "I have got to" "I've gotta" なので、相手によってちゃんと使い分けよう。
〈豆知識〉誰かに感謝されたとき、通常、英語では "You're welcome!"、"Don't mention it"、"The pleasure is/was mine"、"Not at all"、だんだんだけていくと "No problem"、"No sweat"、"You betcha."「気にしないで」（= You bet your life. の短縮形。アメリカ人が頻繁に "That sounds great." とか "I agree with you." の代りに使う表現）のように答える。

---

C.S.R.: Sorry? Yóu gotta speak slówer.
　　　　　　　　　（ガラ）

Hiro: Hi Ro Shi … Ha Ra.

グランドホステス：はい？もう少しゆっくりお願いします。
ヒロ：ひ、ろ、し、は、ら。
注：日本人は名乗るとき、ゆっくりハッキリと！

# ハイディの法則 ❹

# ワラワラ

**ミニダイアローグ**

A : What are you gonna dó?
B : I cán't tell. It's a sécret.

訳:A:これからどうするの?
　　B:言えない、内緒!

**POINT**

What are you（ホワット　アー　ユー）⇦ 学校英語

リエゾン!

「ワラユ」 ← ネイティブ

さぁ、言ってみよう!

1.「ワラワラワラワラワラワラワラ 」
2.「ワラユワラユワラユワラユワラユ 」
3.「ワラユgonna do?」⇨60回エクササイズしよう!

**ミニストーリー「ヒロ君の冒険」**

Hiro: (What a lucky dáy!)
　　　(ワラ)
Cute girl: What are you gonna do in América?

ヒロ:(ワオ! ラッキー!)
女の子:アメリカに何しに行くんですか?

## FOLLOW-UP DIALOG

# THE SÉCRET (秘密？？？)

A: What are you gonna dó?
  (ワラユ)
B: I cán't tell. It's a sécret.

A: What are they doing nów?
  (ワラ)
B: I cán't tell.

A：これからどうするんだい？
B：言えない。内緒！

A：あの人達は何してるの？
B：わかんないわ。

A: Why, it's a secret tóo?
B: Nó, I just can't see them nów.

A：どうして？それも内緒なのかい？
B：いいえ、見えないだけよ。

### COFFEE BREAK

厳密に言うと、「ワラワラメソッド」を大手をふって使えるのは "What a surprise!" "What a beautiful day!" のようなとき。"What are you gonna do?" のようなときは「ワルユ」の方がより一層ネイティブに近いです！
＜豆知識＞「最近元気にやってる？」は "How have you been?" だけど、友達同士の会話では "How you been?" と短縮するので、覚えておこう。

---

Hiro: I'm on a business trip. And yóu?
Cute girl: I'm gonna see my bóyfriend.
Hiro: (What a búmmer!)

ヒロ：僕は仕事で…そちらは？
女の子：彼に会いに行くんです。
ヒロ：(えー？マジー？!)

# ハイディの法則 ❺

# んだんだ

### ミニダイアローグ

A : What company do you wórk for, Mr. Cótton?
B : I work for Chase Manháttan Bánk.

訳:A:どの会社にお勤めですか？ コットンさん。
　 B:チェイスマンハッタン銀行に勤めています。

### POINT

Cotton（コットン）　⇔　「カッん」
Manhattan（マンハッタン）　⇔　「マンハッん」

## さぁ、言ってみよう！

1.「（東北なまりで）んだ、んだ、んだ、んだ、んだ」
（"ん"を発音するときに必ず舌を上の歯茎に付けて空気は必ず鼻から出すと同時に、口の形はABCDEの"E"の形を保ちながら口は閉じないで発声して"N"の音を出すこと。
けっして"う"を入れて「うんだうんだ」にならないように注意！）
2.「神田・神田・神田・神田・神田」
3."ん"にアクセントを置いて「か・ンーだ、か・ンーだ、か・ンーだ」
3."だ"を省いて「か・ンー、か・ンー、か・ンー、cotton, cotton, cotton」
　 ⇨ 60回エクササイズしよう！

### ミニストーリー「ヒロ君の冒険」

Hiro: Excúse me, Miss. I ordered an órange juice.
Flight attendant: Oh, so sorry. I'd forgótten.
　　　　　　　　　　　　　　　　(for ガッ・ん)

ヒロ:ちょっとすいません。オレンジジュース頼んだんですけど…
スチュワーデス:あら、すいません！忘れてました！

# FOLLOW-UP DIALOG
## I'VE FORGÓTTEN YOUR NÁME（名前忘れちゃった）

A: Hí, Haru.
B: Hi, sórry, I've forgótten your name.
(ん)

A: It's written on my bútton.
B: Your name is Lévi? (ん)

A：やぁ、ハル。
B：ごめん、名前忘れちゃった…。

A：僕のこのボタンに書いてあるよ。
B：リーバイって名前？

A: Yeah, éasy to remémber.

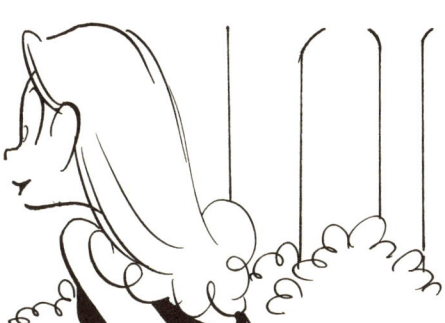

A：そう、覚えやすいだろ？

---

### COFFEE BREAK
英会話の中で頻繁に出てくる単語だけれど、結構苦手な単語と言えよう。なぜならば日本語にない音だからだ。東北なまりで口を慣らした後、他の単語でも練習してみよう。Button, forgotten, written, bitten, Mr. Martin, Latin America, rotten, kitten, Mr. Walton, eaten, などなど。

---

Flight attendant:
If you need anything élse, just push this bútton.
(バ・ん)
Hiro: Thánks, you're the gréatest.

スチュワーデス：何かまたございましたら、このボタンを押して下さい。
ヒロ：どうも、ご丁寧に！

# ハイディの法則❻

# パラパラ

## ミニダイアローグ

A : Couple of béers please!
B : Four fífty éach.

訳:A:ビール2つください！
　　B:4ドル50セントずつになります。

## POINT

couple of（カップル　オブ）⇦ 学校英語

▼ リエゾン！

「カパラ」← ネイティブ

さぁ、言ってみよう！

「パラパラパラパラパラパラ」
「カパラ、カパラ、カパラ、カパラ、カパラ」
「カパラ　ビアーズ please!」⇨ 60回エクササイズしよう！

### キミ知ってた？

「カパラ」の「ラ」は、日本語の「ら」ではなく、
「LA」と発音。
"Four fifty" 以外に、"four dollars and fifty cents"
という言いまわしも覚えておこう。

## ミニストーリー「ヒロ君の冒険」

Officer: Pássport please.
Hiro: Hére you gó.
Officer: How long are you staying in América?

税関吏:パスポートお願いします。
ヒロ:はい。
税関吏:アメリカにどれぐらい滞在しますか？

## FOLLOW-UP DIALOG

# GETTING ON THE TOUR BUS（ツアーバスに乗るとき）

A: How long does it táke?
B: Couple of hóurs.
　　（カパラ）

A: Any seats léft?
B: Couple in the báck.

A：どのぐらい時間かかります？
B：2時間ぐらいですね。

A：席はまだ空いてます？
B：後部に2席ほど。

A: Should I get some drínks?
B: Yéah, bring a cóuple.

B：何かお飲み物を？
A：ええ、2つください。

---

### *COFFEE BREAK*

ここで七面鳥の話を。"Let's talk turkey."と言えば、「腹を割って話そう」。もう一つの意味は「突然」、例えば"He quit smoking cold turkey."といえば「突然彼はタバコをやめた」ということ。"My new MD player turns out to be a real turkey."といえば「私の新しいMDプレーヤーはとんでもない不良品であった」のように「品質の低いものや悪いもの」という意味で使われるんだ。ところで七面鳥がなぜ"turkey"かというと、昔この鳥がトルコ経由でアメリカに輸入されたことから、この名前がついたんだ。君は知っていたかな？

---

Hiro: Couple of wéeks.
　　　（カパラ）

Officer: What's your púrpose?

Hiro: Búsiness, and visit a couple of friends.
　　　　　　　　　　　　　　　　（カパラ）

ヒロ：2週間ほど。
税関吏：何の目的ですか？
ヒロ：商用とちょっと友達に会いに。

# ハイディの法則 ①

# イゼロ

## ミニダイアローグ

A : I'll have a hót tea pléase.
B : Is thát all?
　　　　（イゼロー）

訳：A：ホットティーください。
　　B：以上でよろしいですか？

## POINT

Is that all（イズ　ザット　オール） ⇦ 学校英語

　　　　　▼ リエゾン！

# 「イゼロー」 ← ネイティブ

さぁ、言ってみよう！

「イゼロー？イゼロー？イゼロー？イゼロー？イゼロー？イゼロー？」
⇨ 60回エクササイズしよう！

## ミニストーリー「ヒロ君の冒険」

(at customs) 税関にて

Customs officer: What's ín hére?

Hiro: Júst clothes.

税関吏：スーツケースには何が入っていますか？
ヒロ：服だけです。

# FOLLOW-UP DIALOG

## AT CÚSTOMS (税関にて)

A: Do you have anything to decláre?
B: No, I dón't.

B: Is it alright if I light up a
　(イゼロー)
　cigarette hére?

A：申告するものはありますか？
B：ありません。

B：ここでタバコ吸ってもいいですか？

A: Nó, I'm sórry. This is a nón-smoking área.
B: Óh, ókay.

※Is it と Is that は発音上ほとんど同じ

A：申し訳ありませんが、ここは禁煙となっています。
B：わかりました。

### COFFEE BREAK

「Is it alright?(イズイットオーライ?)」は超ダサ英語！「イゼロー」の後は「オウ！そこの兄ちゃん！」のような「オウ」をくっつけたら、すかさずRに焦点を絞って"right"と言ってみよう！「イゼローウright?」これならネイティブにグンと近づけますね！

---

Customs officer: Is thát all?
　　　　　　　　　(イゼロー)
Hiro: Thát's it.

税関吏：それで全部ですか？
ヒロ：はい。

## ハイディの法則 ❽

# ハルハル

**ミニダイアローグ**

A : How do I get to the státion?
B : Take bus #13.

訳:A:駅までどうやって行くんですか？
　　B:13番のバスで行けますよ。

**POINT**

how do I (ハウドゥアイ) ⇨ 学校英語
"w"は強調しないで「ウ」を省いて発音した方が、よりナチュラル！

▼ リエゾン！

「ハルアイ」← ネイティブ

さぁ、言ってみよう！

「ハルハルハルハルハル 」
「ハルアイハルアイハルアイハルアイ 」
「ハルアイ get to the station ?」⇨ 60回エクササイズしよう！

**ミニストーリー「ヒロ君の冒険」**

Hiro: How do I rent a cár?
　　　(ハルアイ)
Staff: Go to Terminal B.
ヒロ:レンタカーはどう借りればいいんですか？
税関吏:Bターミナルに行ってください。

30

## FOLLOW-UP DIALOG

# CALLING HÓME（家に電話してみよう！）

A: **How do** we call Japán?
　　（ハル）
B: Use an international phóne.

A: **How do I know**
　　（ハルアイ）
　　it's internátional?
B: They're yellow.

A:日本にどうやって電話かけるの？
B:国際電話を使うのよ。

A:国際電話の見分け方は？
B:黄色い電話よ。

A: Thánks.
B: No próblem.

A:どうも。
B:いえ、どういたしまして。

### COFFEE BREAK

小生、四人兄弟の末っ子としてこの世に誕生したので、常に二人の兄からのお古を着せられたのを思い出す。英語では"These are hand-me-down clothes."（これらはお下がりです）とか、"Are those hand-me-downs?"（それ、お下がり？）というように使う。
ミニストーリーの"How do I know?"はちょっとぶっきらぼうな言い方で、「俺が知るわけないだろ」と、ネガティブなニュアンスがある。

Hiro: How do I gét there?
　　　（ハルアイ）
Staff: How do Í know?
　　　（ハルアイ）

ヒロ:どうやって行けばいいですか？
税関吏:ちょっとわかりませんねぇ。

## ハイディの法則❾

# ハバラ

**ミニダイアローグ**

A : What do you wanna éat?
B : How about a pízza?
　　　　（ハバラ）

訳：A:何食べたい？
　　B:ピザなんかどう？

**POINT**

How about a（ハウ　アバウト　ア）⇦ 学校英語

リエゾン!

「ハバラ」← ネイティブ

さぁ、言ってみよう！

1.「ハバラハバラハバラハバラハバラ」
2.「ハバラ　ピッツァ?」⇨60回エクササイズしよう！

**ミニストーリー「ヒロ君の冒険」**

(At the Cár Rental Óffice) レンタカーオフィスにて
Hiro: I wanna cóol cár please!
Staff: How about a Yúgo?
　　　　　（ハバラ）
ヒロ:かっこいい車をお願いします。
スタッフ:ユーゴなんかどうですか？
※Yugoはユーゴスラビアの車で、アメリカ人にとっては小さくてチンケな印象がある。

## FOLLOW-UP DIALOG
# AT THE CAR RENTAL OFFICE（レンタカーショップにて）

Clerk: Néxt.
B: I wanna rent a cómpact car for thrée days please.

Clerk: How about something bígger?
B: Yeah, something bígger is okay.
　　How about a Cádillac?
　　　（ハバラ）

店員：次の方どうぞ。
B：コンパクトな車を3日間借りたいんですけど。

店員：大きめの車はいかがですか？
B：ええ、大きめのでいいです。
　　キャデラックなんてどうですか。

Clerk: How about a 98 Cádillac
　　　　　（ハバラ）
　　Seville four dóor?
B: Sounds gréat! How much?

Clerk: $200 a dáy.
B: How about a díscount?
　　　（ハバラ）

店員：98年型4ドアはいかがです？
B：それがいいわ！いくらですか？

店員：一日200ドルになります。
B：ディスカウントはないんですか？

## COFFEE BREAK

最近あるパーティに参加したとき、洒落っこけてタキシードを着て行ったんだけど、小生中年太り気味で出バラ状態。飲んだり食べたりしすぎてジッパーが壊れ、緊急事態が発生したのを思い出す。その後「出バラ」を克服し、今では「アバラ」が見えるぐらいにスリムになった？？？　さ、一気に「出バラ出バラ、アバラアバラ、ハバラハバラ」「ハバラピッツァ？」—ほら、できた！

Hiro: Nó way! How about a Béamer?(BMW)
　　　　　　　　　（ハバラ）
Staff: Nó Beamers.
　　How about a convértible Cáddy?(Cadillac)
Hiro: Alright!!!

ヒロ：冗談じゃない！BMWがいいなぁ！
スタッフ：BMWはないので、コンバーチブルキャデラックはどうでしょう？
ヒロ：いいねぇ！

# ハイディの法則 ⑩

# シュルヴ

## ミニダイアローグ

A : They're fúll!
B : We should've cálled.

訳:A:わぁ！混んでる！
　　B:電話すればよかったね。

## POINT

should have（シュッド　ハヴ）◁ 学校英語

▼ リエゾン！

「シュルヴ」◀ ネイティブ

さぁ、言ってみよう！

「シュルシュルシュルシュルシュル 」
「シュルブ、シュルブ、シュルブ、シュルブ 」
「We シュルブ called.」⇨60回エクササイズしよう！

### キミ知ってた？

could've （クルve）
would've （ウルve）にも使える！

## ミニストーリー「ヒロ君の冒険」

Cop: You should've stópped at that stóp sign.
　　　　　　（シュルヴ）
Hiro: Yés, sir.
Cop: You think you should've been góing 90mph?
　　　　　　　　　　　　（シュルヴ）

警官:赤信号で止まらなければいけなかったんですけどねぇ。
ヒロ:はい…
警官:130キロ出してもよかったと思ってるんですか？

# FOLLOW-UP DIALOG

## OUTSIDE IN WÍNTER（真冬の外出）

A: It's so cóld!
B: I should've brought a swéater.
　　（シュルブ）

A: Yéah, you should've knówn!
　　　　　　　（シュルブ）
B: You should've tóld me!
　　（シュルブ）

A:うわっ！寒い！
B:セーター持ってくればよかった！

A:そうよ、当然でしょ？
B:言ってくれればいいのに！

A: You should've ásked!
　　（シュルブ）
B: I should've stayed hóme.
　　（シュルブ）

A:聞いてくれればいいのに！
B:家にいればよかった。

### COFFEE BREAK

君はペットを飼っているかな？犬とか猫。我輩の猫は僕のトレーニングの結果、僕の指示に従って「ジャンプ」、「おすわり」、「お手」、「尾を振れ」、「ダウン」、「ニギニギ」、「猫キック」、このようにふつう考えられないことでもやってしまう猫である。ちなみに名前は「パフィー」、歌手のグループのPUFFYより先に命名したのでパクリではないヨ！猫でもこれだけ覚えられるんだから、君も気合を入れて60回反復すれば必ず英語の達人になれるよ！

---

Hiro: Nó, sir.
Cop: You should've taken the bús.
　　　　（シュルヴ）
Hiro: Yés, sir.

ヒロ:いいえ…
警官:バスを利用した方がよかったかもね。
ヒロ:はい…

※アメリカで警察官に捕まったら
"Yes,sir." "No,sir." の2語だけで答えよう。
もしくは英語をまったくしゃべらなければ
見逃してくれるかも？？？

## ハイディの法則

# WORKSHOP 1
## "th"の発音

英語には欠かせない2種類の"th"の発音。
今この時点で正しく言えるようにしておこう。

---

●舌を軽く噛んで「さ・し・す・せ・そ」と言ってみよう。
慣れてきたら今度は舌を出さずに、
前歯のウラに当てて音を出してみよう。「さ・し・す・せ・そ」。

⇨ thánks / thínk / sómething

---

●舌を噛んだまま「ざ・じ・ず・ぜ・ぞ」と言ってみよう。
慣れてきたら今度は舌を出さずに、
前歯のウラに当てて音を出してみよう。「ざ・じ・ず・ぜ・ぞ」。

⇨ thís / thát / thése / thóse

---

これで君もカッコよく
"Thanks!"と言えるはず!!!

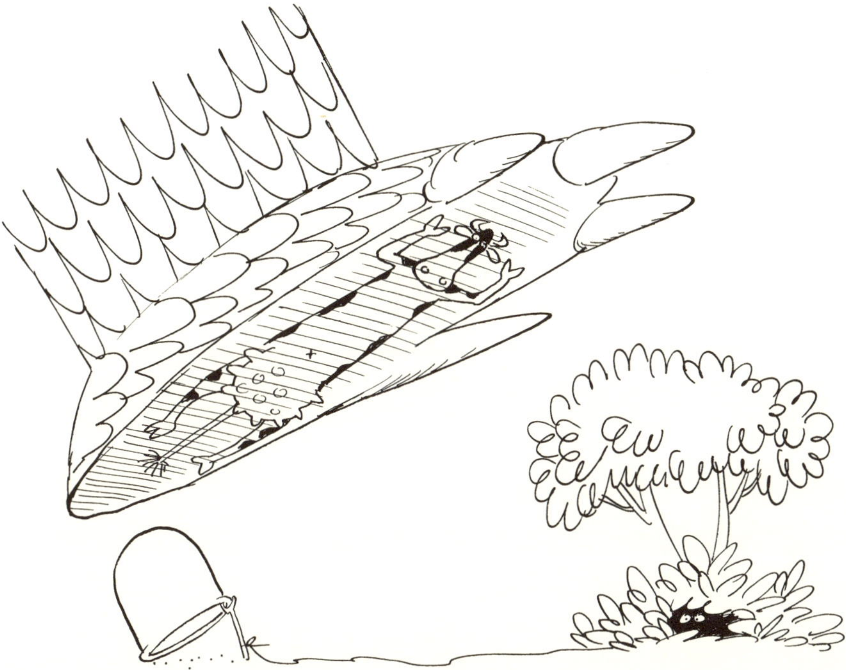

# ハイディの法則 ⑪

# ゲラゲラ

### ミニダイアローグ

A : Where do I get a cáb?
B : Out frónt.

訳:A:どこでタクシーに乗れますか？
　　B:ここを出た所で。

### POINT

Get a（ゲット　ア）⇦ 学校英語

▼ リエゾン!

「ゲラ」← ネイティブ

さぁ、言ってみよう！

「ゲラゲラゲラゲラゲラゲラゲラ 」
「Where do I ゲラ cab?」⇨ 60回エクササイズしよう！

### キミ知ってた？

アメリカでは、飛行場前ホテルは別として、日本みたいに頻繁にタクシーは拾えないので、タクシー会社に電話を入れて予約をするんだ。また、自動ドアになっていないので、自分でドアを開けなければいけないことを覚えておこう！

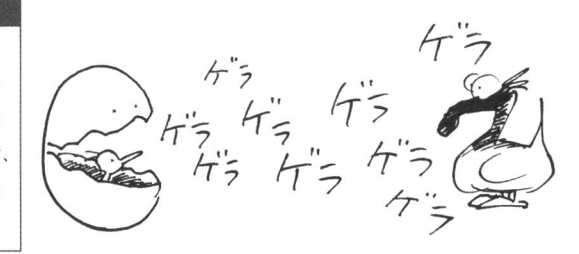

### ミニストーリー「ヒロ君の冒険」

Hiro: Can I get a róom?
　　　　　(ゲラ)
Receptionist: Súre. How many níghts?
Hiro: One wéek.

ヒロ:部屋ありますか？
受付:はい、何泊のご予定ですか？
ヒロ:1週間。

## FOLLOW-UP DIALOG

# TAKING A BUS TO THE BÉACH（バスでビーチまで）

A: Let's get on the bús.
B: Get a tícket for me.
　　（ゲラ）

A: Can I get a ticket for twó?
　　　　（ゲラ）
C: Thrée búcks.

A：バスで行こうよ。
B：私のチケットも買っといて！

A：チケットを2人分ください。
C：3ドルです。

A: Thát's expénsive. We should wálk.
B: Tomórrow let's get up éarlier.
　　　　　　　　（ゲラ）

A：それは高い！やっぱり歩こう。
B：じゃあ明日早く起きて行きましょ。

---

## *COFFEE BREAK*

英語で「どちらまで？」は、"Where to, sir?"。
ちょっと下品な運転手だったら、"Where to, mac?" とか "Where to, Mr.?" と聞いてくるはずだ。
"mac" は「あんた」、"Mr." 「だんな」というニュアンスに値する。
"Get a ticket for me" という命令調は友達同士では使えるけど、目上の人に言う場合は必ず
"～, please." をつけること！！！

---

Receptionist: Smóking or nón-smoking?
Hiro: Nón please.
Receptionist: Can I get a signature hére?
　　　　　　　　　　　（ゲラ）

受付：おタバコはお吸いになりますか？
ヒロ：禁煙でお願いします。
受付：ではサインをこちらにいただけますか？

# ハイディの法則⑫

# シュラシュラ

## ミニダイアローグ

A : Should I call you a cáb?
B : Yés, please.

訳:A:タクシーをよびましょうか?
　B:お願いします。

## POINT

Should I(シュッド　アイ) ⇦ 学校英語

▼ リエゾン!

「シュライ」 ← ネイティブ

さぁ、言ってみよう!

1.「シュラシュラシュラシュラシュラ」
2.「シュライシュライシュライシュライシュライ」
3.「シュライcall you a cab?」⇨60回エクササイズしよう!

## ミニストーリー「ヒロ君の冒険」

Bell boy: Should I take your bágs to your róom?

Hiro: Yés, pléase.

ベルボーイ:お部屋まで鞄をお持ちしましょうか?
ヒロ:お願いします。

## FOLLOW-UP DIALOG

# IN THE HOTÉL (ホテルにて)

Concierge: Should I take your
　　　　　　(シュライ)
　bágs to your róom?
B: Yés, please. I'd like to go
　downtówn.

Concierge: Should I
　　　　　　(シュライ)
　call a cab?
B: Nó, dón't cáll me Acáb!
　My name is Hiro.
　Please call mé Hiro.

A：鞄をお部屋までお持ちしましょうか？
B：お願いします。ダウンタウンに
　行きたいんですけど。

A：タクシー呼びましょうか？
B：「タクシー」なんて呼ばないで下さい！
　僕の名前はヒロです！

Concierge: I mean, should I órder a táxi cáb?
　　　　　　　　　　　　　(シュライ)
B: Oh, my mistáke. Yés, pléase.

A：いえ、タクシーを呼びましょうか？
B：あ、失礼。お願いします。

---

### *COFFEE BREAK*

香川県にある船の神様で有名な「金比羅さん」。幼い頃聞いた「♪金比羅船船お池に帆かけてシュラ
シュシュシュ～♪」という歌、実は「お池」ではなくて『「追い手(風)」に帆かけて』が正しいようだ。君
は知ってた？？？
ちなみに会話文に登場する"CONCIERGE"(コンシェルジュ)とは、ホテルに行くと必ず宿泊するお客
様のために道案内、街案内をしてくれるサービス係のことだ。

---

(In the room, the béll boy is waiting with his hánd out)
Hiro: Hmm...how much should I tip???
　　　　　　　　　　　　　　　(シュライ)
(部屋でベルボーイが手を出して待っている)
ヒロ：んー、いくらチップあげればいいんだ？

TIPSの語源には二つの説がある。一つは To Insure Prompt Service。
もう一つは To Insure Proper Service。
アメリカでは大体15％のTIPを払う

## ハイディの法則⓭

# クライ

### ミニダイアローグ

A : Take me to the bést clúb.
B : Could Í come tóo?　　　（タクシーにて）

訳：A：一番お薦めのクラブまでお願いします。
　　B：僕も一緒に行っていいですか？

### POINT

Could I（クッド　アイ）　⇦ 学校英語

▼ リエゾン！

「クライ」　◀ ネイティブ

さぁ、言ってみよう！

1.「クライクライクライクライクライクライ」
2.「クライcome too?」　⇦ 60回エクササイズしよう！

### ミニストーリー「ヒロ君の冒険」

(in the room)
Hiro: Thís room stínks! Could Í get another róom?
　　　　　　　　　　　　（クライ）
Front Desk: Róom 203 is frée tomórrow.

ヒロ：この部屋ちょっと臭うんですけど! 別の部屋に変えてもらえませんか???
フロント：明日になれば203号室は空きますが。

## FOLLOW-UP DIALOG

# IN THE TAXI (タクシーにて)

A: Could I go downtówn pléase?
　(クライ)
B: Where tó?

A: Take me to the bést clúb.
B: Could I cóme too?
　(クライ)

A：ダウンタウンまでお願いします。
B：どちらまでですか？

A：一番お薦めのクラブまで。
B：僕もいいですか？

### COFFEE BREAK
一般的にアメリカ人には気さくな人が多いので、冗談も頻繁に飛び交ったりする。そんなわけで、この会話文の中でタクシーの運転手さんが「僕もいいですか？」と言っているのは、とくに珍しいことではない。ただ、日本と違ってアメリカの場合は自動ドアではないので、自分でドアを開けるか、ときにはサービスで運転手がわざわざぐるっと回ってドアを開けてくれる場合もある。

---

Hiro: Could I get it Á.S.Á.P. (As Soon As Possible)?
　　　(クライ)

Front Desk: I'll see what I can dó.

ヒロ：出来るだけ早く移動できませんか？
フロント：出来るだけのことはしてみます。

※ "A.S.A.P." は「エイ、エス、エイ、ピー」もしくは「エイサップ」と読みます。

# ハイディの法則⓮

# ウライ

## ミニダイアローグ

A : Would I have to pay a lót of móney?

B : Nó, you wóuldn't.

訳:A:お金たくさん払わなきゃいけないかなぁ？
　　B:そんなことないよ。

## POINT

Would I（ウッドアイ）　　◁ 学校英語

▼ リエゾン!

**「ウライ」**　　◀ ネイティブ

さぁ、言ってみよう！

1.「ウライウライウライウライウライウライ」
2.「ウライhave to pay a lot of money?」◁ 60回エクササイズしよう！

## ミニストーリー「ヒロ君の冒険」

Front Desk: The Hóneymoon Súite is open todáy.
Hiro: Would I have to get márried?
　　　（ウライ）

Front Desk: Of cóurse nót!

フロント:ハネムーンスイートは本日空きますが。
ヒロ:結婚しなきゃいけないんですか？
フロント:そんなことはございません。

## FOLLOW-UP DIALOG

# AT THE DOOR（クラブにて）

A: It's 20 bucks each to go in. No Re-entry.
B: Would I have to pay twice （ウライ） if I leave?

A: That's right. No Re-entry.
B: Hey, aren't you Leonard DiCaprio?

A：お一人様20ドルです。再入場はできません。
B：一度出たらまた払わなきゃいけないんですか？

A：そうです。再入場はできません。
B：ねぇ、あなたレオナルド・ディカプリオじゃないですか？

A: Would I be working here if I was?
（ウライ）

A：そうだったら、こんな所で働いてると思います？？？

### COFFEE BREAK

上のマンガで使われている"BUCKS"とは「米ドル」のことだ。語源は開拓時代。ネイティブ・アメリカンと物々交換した際に一頭の雌鹿（BUCK）が1ドルに値したので、今では日常会話ではよく使われる表現だ。覚えておこう！

Hiro: Would I have to pay more?
　　　（ウライ）
Front Desk: Nope. ※Nope=No
Hiro: Okay, I'll take it!

ヒロ：もう少し払わなければいけないですか？
フロント：いいえ。
ヒロ：オッケー、じゃあそこに変えてください。

# ハイディの法則⑮

# ゴナゴナ

## ミニダイアローグ

A : What are you gónna háve?
(=going to)
B : I'm gonna have the stéak.

訳:A:何食べる?
　　B:ステーキがいいな。

## POINT

going to（ゴーイング　トゥ）⇔ 学校英語

▼ リエゾン!

「ゴナ」 ← ネイティブ

さぁ、言ってみよう!

1.「ゴナゴナゴナゴナゴナゴナゴナゴナ」
2.「I'mゴナ、I'mゴナ、I'mゴナ、I'mゴナ」
3.「I'mゴナhave the steak.」⇨ 60回エクササイズしよう!

## ミニストーリー「ヒロ君の冒険」

(In the new room)
Hiro: Ahhhhhh!!!
(Fire Alarm rings!) Ring Ring Ring!

ヒロ:あーーーー!!!!!
(突然火災警報機が鳴りはじめた!) ジリリリリーーン!!

## FOLLOW-UP DIALOG

# WHERE ARE YOU GONNA GO?（どこ行くの？）

A: Where are you gonna gó?
　　　　　　　　　(ゴナ)
B: I'm gonna go to N.Y. next week.
　　　(ゴナ)

A:どこに行くんだい？
B:来週ニューヨークへ行くのさ。

B: Are you gonna cóme tóo?
　　　　　　(ゴナ)
A: Nó, I'm gonna stay hére.
　　　　　(ゴナ)

B:一緒に行く？
A:いや、僕はここに残るよ。

B: You're gonna miss all the fún.
　　　　(ゴナ)
A: I'm just gonna reláx.
　　　　　(ゴナ)

B:楽しみを逃しちゃうよ。
A:ちょっとのんびりしたいんだ。

B: You're gonna bé sorry.
　　　　(ゴナ)

B:残念だなぁ。

---

### COFFEE BREAK

英語では「ステーキ」とは発音はしない。正しくは「ステイ(ku)←uは発音しない」。注文するときは "I'd like a steak." とか "I'd like some steak." を使う。"STEAKS" "SALADS" "CHEESES" "SOUPS" "DESSERTS" "FISHES" のように、複数形の場合は、あくまでもメニューに記してある、さまざまな STEAK, SALAD であり、日常会話では SOME STEAK, SOME SALAD, SOME CHEESE などと言う。

---

(In the hall)

Hiro: What am I gonna dó?
　　　　　　　　(ゴナ)
Where am I gonna gó!?
　　　　　(ゴナ)

(ヒロは廊下に飛び出し)
ヒロ:どうすればいいんだ？どこに行けばいいんだ？？？

# ハイディの法則 ⓰

# グラグラ

## ミニダイアローグ

A : Hi. Nice to méet you.
B : Good afternóon.

訳：A:こんにちは、初めまして。
　　B:こんにちは。

## POINT

good afternoon（グットアフタヌーン） ⇔ 学校英語

▼ リエゾン！

「グラ」← ネイティブ

さぁ、言ってみよう！

1.「グラグラグラグラグラグラグラグラ」
2.「グラフトゥヌーン」⇨ 60回エクササイズしよう！

## ミニストーリー「ヒロ君の冒険」

Girl: Ć'mon! Let's get óut of hére!
Hiro: Good idéa!
　　　（グライディア！）

女性：とにかくここを出しましょう！
ヒロ：そうしよう！

# FOLLOW-UP DIALOG

## OVER A CUP OF CÓFFEE（お茶しながら）

A: Hi, nice to meét you.
B: Good afternóon.
（グラ）

A：こんにちは、初めまして。
B：こんにちは。

A: Shall we get a cóffee somewhere?
B: Good idéa.
（グラ）

A：どこかでコーヒーでも飲みませんか？
B：いいですね。

A: So, how's búsiness?
B: Well, it'll be good again sóon.
（グラ）

A：仕事の方は
　順調ですか？
B：まぁ、すぐに良く
　なるでしょう。

### COFFEE BREAK

日本人は幼い頃から「コーヒー」という言葉を何百回何千回と口にしているので、正しい発音が「カーフィー」と言われても、どうしてもなじめない。僕のある生徒がアメリカに旅行に行ったときに「コーヒー」を頼んだのに「コカコーラ」が出てきたのはなぜか？アメリカ人も君たちと同じように幼い頃から「カーフィー」と言ってきたので、「コ」の音を聞いた瞬間「コカコーラ（コーク）」を連想したにすぎないのだ。くれぐれも「コーヒー」は「カーフィー」ですよ……!!!

Hiro: Yóu saved my life!
Girl: Nó prob. (No problem.)

ヒロ：あなたは命の恩人だ！
女性：たいしたことないですよ。

# ハイディの法則⑰

# ゴルゴ

### ミニダイアローグ

A : What should we do for lúnch?
B : Let's go to the cafetéria.

訳:A:お昼、どうする？
　　B:カフェテリアに行こうよ。

### POINT

go to（ゴートゥー）　⇦　学校英語

▼ リエゾン！

「ゴル」　⇐　ネイティブ

さぁ、言ってみよう！

「ゴルゴルゴルゴルゴルゴル 」
「ゴルthe、ゴルthe、ゴルthe、ゴルthe 」
「Let's ゴル the キャfeteria　⇨　60回エクササイズしよう！

### キミ知ってた？

上品な言いまわし＝ "Would you like to
　　　　　　　　 go to the cafetéria?"
　　　　　　　　（ゴル）

ゴルゴ…×13

### ミニストーリー「ヒロ君の冒険」

Hiro: What's your náme?
Lynn: I'm Lýnn, and yóu?

ヒロ:お名前は?
女性:リンといいます。

## FOLLOW-UP DIALOG

# THE MEETING (会議)

A: Are you gonna go to the méeting?
(ゴル)
B: Yéah, I'm going.

A:会議に出る?
B:ええ、出るわ。

A: There's nó séats.
B: Let's go to the báck.
(ゴル)

A:席が空いてないね。
B:じゃ、後ろの方に行きません?

A: This is boring.
B: Okay, let's go to lúnch.
(ゴル)

A:この会議つまんないな。
B:そうねぇ。ランチにでも行きます?

※文法的にはThere are no seats.
(くだけると)→There's no seats.

### COFFEE BREAK

僕なんか、週末11時ごろ起きたりして、朝食をとらないでよくBRUNCHをとる場合がある。これは"BREAKFAST"と"LUNCH"の造語で、"BRUNCH"という。じゃあ、"BREAKFAST"の語源を君は知っているかな? じつはこれは宗教からきている表現なんだ。まず、"FASTING"というと「断食」。それを断つ(BREAK)ということは、「朝起きて断食を断つ」ということからきているわけだ。

Hiro: Hiro. Wanna go to the béach, Lýnn?
(ゴル)

Lynn: Súre, sounds níce.

ヒロ:海に行きませんか?
リン:いいですね。

# ハイディの法則 ⑱

# ワルワル

### ミニダイアローグ

**A : What do you want to dó?**
（右ページCOFFEE BREAKのワナワナ参照）

**B : Let's go to the béach.**
（法則17ゴルゴ参照）

訳：A：何をしたいんですか？
　　B：海岸に行きましょう。

### POINT

What do（ホワット　ドゥ）⇦ 学校英語

▼ リエゾン！

「ワル」 ← ネイティブ

さぁ、言ってみよう！

「ワルワルワルワルワルワル 」
「ワルユワルユワルユワルユワルユ 」
A:「ワルユ ワナ　do?」
B:「Let's ゴル the beach.」⇨60回エクササイズしよう！

### キミ知ってた？

フォーマルな表現＝ "What would you like to dó?"
　　　　　　　　　"I would like to go to the beach."

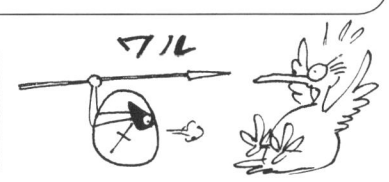

### ミニストーリー「ヒロ君の冒険」

Hiro: What do you dó, Lýnn?
　　　（ワルユ）
Lynn: I'm looking for a jób.
ヒロ：お仕事は何してるんですか？
リン：今さがしているところなんです。

## FOLLOW-UP DIALOG
# GOING TO THE BEACH（海へ行こう！）

A: What do we need to bring?
　（ワル）
B: Just yourselves.

A: What do I need to watch out for?
　（ワル）
B: Sunburn. Bring sunblock.

A：何持っていけばいいかな？
B：何もいらないんじゃない？

A：気をつけることはある？
B：日焼け！日焼け止めを持っていった方がいいわ。

A: What do I ask for?
　（ワル）
B: Ask for water-proof sunblock.

A：どんなのがいいかな？
B：ウォータープルーフのがいいんじゃない？

### COFFEE BREAK
有名なイギリスグループのビートルズが "I wanna hold your hand〜♪" と歌っているのを君も知っているよね？
インフォーマルな場合、"want to" が "wanna" になるんだ。

---

Hiro: What do you wanna do?
　　　（ワルユ）

Lynn: I wanna be a pirate!

ヒロ：何したいんですか？
リン：海賊になりたいんです。

## ハイディの法則⑲

# ビュールフォー

**ミニダイアローグ**

A : Is this ókay?
B : Yéah, béautiful!

訳:A:これでいいですか?
　　B:いいね!最高!

**POINT**

beautiful（ビューティフル） ⇦ 学校英語

▼ リエゾン!

「ビュールフォー」 ← ネイティブ

さぁ、言ってみよう!

「ビュールフォー、ビュールフォー、ビュールフォー」
⇨ 60回エクササイズしよう!

**ミニストーリー「ヒロ君の冒険」**

Hiro: We stayed up áll níght!
Lynn: What a béautiful súnrise!
　　　　　　（ビュールフォー）

ヒロ:朝をむかえてしまいましたね。
リン:なんてきれいな朝日なんでしょう。

## FOLLOW-UP DIALOG

# THE BÉAUTIFUL DÁY（晴れた日に）

A: It's a béautiful dáy!
　　　　　（ビュールフォー）
B: Not a cloud in the sky!

A: Let's go físhing.
B: Not a bad idéa.

A：いい天気だね！
B：雲ひとつないよ！

A：釣りに行かない？
B：いいねぇ！

A: I'm so excíted to go with a béautiful girl like yóu.
　　　　　　　　　　　　　　　（ビュールフォー）
B: Thánks for your cómpliment.

A：君みたいな美人と行けるなんて、ワクワクするなぁー！
B：お世辞ありがとう。

---

### COFFEE BREAK

僕がアメリカから日本に帰って来たとき、もうかれこれ30年も前のことだけど、一般の人たちは盛んに「ビューチフル」と言っていたのを思い出す。今では「ビューティフル」が主流のようだけど、君は大いにリエゾンを活用しよう！「リ」または「ル」を使って「ビューリフォー」「ビュールフォー」にしたら超カッコイイぜー！

---

Hiro: You're very béautiful tóo.
　　　　　　　　　（ビュールフォー）
Lynn: Oh, you're so swéet.

ヒロ：あなたも、とってもきれいですよ。
リン：まぁ！あなたって、なんてステキなの！

# ハイディの法則 ⑳

# チュル

### ミニダイアローグ

**A : I want you to stay hóme, you héar?**
**B : Yes, dád.**

訳:A:家にいなさい、いいかい?
　　B:はい、パパ。

### POINT

want you to（ウォント　ユー　トゥ）◁ 学校英語

▼ リエゾン!

# 「ワンチュル」 ← ネイティブ

さぁ、言ってみよう!

1.「チュルチュルチュルチュルチュルチュル 」
2.「ワンチュルワンチュルワンチュルワンチュルワンチュル 」
3.「IワンチュルstayhomeいつえばIワンチュル stay home.」⇨60回エクササイズしよう!

### ミニストーリー「ヒロ君の冒険」

Lynn: I want you to have dínner with me tonight.
　　　　（ワンチュル）
Hiro: Réally?

リン:今晩、一緒にお食事でもいかがですか?
ヒロ:本当ですか?

# FOLLOW-UP DIALOG

## BOSS TO HIS EMPLOYÉE（社長からのお言葉）

**Fírst, I** want you to **go to the bánk.**
（ワンチュル）

まず、銀行に行ってくれるか。

**Then I** want you to **cáll me.**
（ワンチュル）

そして僕に電話をくれたまえ。

**Then I want you to go hóme and reláx.**
（チュル）

そしたら、家に帰って休んでいいぞ。

### *COFFEE BREAK*
さぁ、君も「チルチルミチル」のように青い鳥を探しに出かけよう！途中でスパゲティーをチュルチュル食べて、「チュルチュル」を2,3回言ってみよう。（これってこじつけっぽい？？？）まぁとにかく、固いことは言わず、素直に「チュルチュル」!!

Hiro: **Í'll take you to a fáncy réstaurant.**
Lynn: **Nó, Í** want you to **be my gúest.**
（ワンチュル）

ヒロ：僕がステキなレストランに連れていってあげますよ。
リン：いいえ、私があなたを招待します。

57

ハイディの法則・特別編

# WORKSHOP 2
## 「え」段の法則

日本人が英語を読むときに"i"という文字を見ると、必ず「い」と発音しているけれど、これが、いわゆる「ジャパニーズイングリッシュ」になってしまう原因なんだ。日本では残念なことに小学生のころにローマ字を習ってしまうので、たとえば、テニスのようにローマ字っぽく読んでしまう。右ページのように、これからは「テネス」と発音しよう。

英語を英語らしく発音するには、
「い」段ではなく「え」段を活用しよう!

| | あ | か | さ | た | な | は | ま | や | ら | わ |
|---|---|---|---|---|---|---|---|---|---|---|
| | い | き | し | ち | に | ひ | み | い | り | い |
| | う | く | す | つ | ぬ | ふ | む | ゆ | る | う |
| これからは→ | え | け | せ | て | ね | へ | め | え | れ | え |
| | お | こ | そ | と | の | ほ | も | よ | ろ | を |

| 例えば… | 今までは | これからは |
|---|---|---|
| あ行 | íf（イフ） | エフ |
| か行 | check it óut（チェックイットアウト） | チェケラウッ |
| さ行 | sérious（シリアス） | セレアス ↑ "R" |
| た行 | típ（チップ） | テップ |
| な行 | ténnis（テニス） | テネス |
| は行 | híp（ヒップ） | ヘップ |
| ま行 | mínutes（ミニッツ） | メネッツ |
| ら行 | Califórnia（カリフォルニア） | キャレフォーニア ↑ "L"の音です！ |

※ ただし、原則的に、「え」段は曖昧に発音すること。（CD参照）
はっきり「え」段を発音すると、ちょっとした間違いが起きるぞ！

例えば…
hill（ヒル）→ ヘル（hell???）

※この法則にあてはまる単語を本の後ろにまとめて
掲載しているので、ぜひ活用しよう！

# ハイディの法則 ㉑

# ハラハラ

### ミニダイアローグ

A : What did you lóse?
　　　　　（ワリジュ）
B : Í had a bláck wállet.

訳：A：何をなくしたの？
　　B：黒の財布なんだけど。

### POINT

Had a（ハッド　ア）⇦ 学校英語

▼ リエゾン！

「ハラ」 ⇦ ネイティブ

さぁ、言ってみよう！

「ハラハラハラハラハラハラ」
「アイハラアイハラアイハラアイハラアイハラ」
「アイハラ black wallet.」⇨ 60回エクササイズしよう！

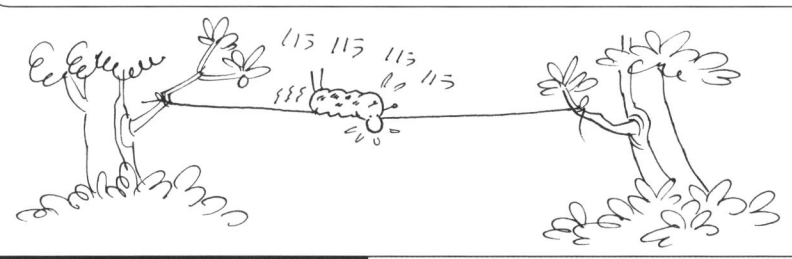

### ミニストーリー「ヒロ君の冒険」

Co-worker: You look áwful!
Hiro: I had a róugh night.
　　　　　（ハラ）

同僚：なんて格好してんだ！
ヒロ：昨晩はひどい目にあっちゃって。

## FOLLOW-UP DIALOG

# THE DAY AFTER（その翌日）

A: How was last níght?
B: We had a gréat tíme.
　（ハラ）

A:昨日はどうだった？
B:とても楽しかったよ。

A: What did your friend háve thére?
B: She had a súrf and túrf.
　（ハラ）

A:彼女は何を食べたの？
B:ロブスターとステーキのディナーだよ。

A: Why d'ja léave? (Why did you leave?)
B: I had a méeting to atténd.
　（ハラ）

A:なんで君は帰っちゃったの？
B:会議に出席しなきゃいけなかったんだ。

**COFFEE BREAK**

ダイアローグの中に出てくる"Surf and turf"、"surf"は「海岸に押し寄せる波」のことを表して"turf"は、「芝生」という意味だ。で、日常会話の中では、ロブスターやステーキのことを指す。

---

Co-worker: There is béach sánd in your shóes!

Hiro: I had a nice mórning.
　（ハラ）

同僚:靴の中も砂だらけなんじゃない？
ヒロ:今朝は、すごくステキだったなぁ。

# ハイディの法則 ㉒

# ボラボラ

## ミニダイアローグ

A : What did you búy?
B : I bought a brand new cár!

訳:A:何買ったの？
　　B:新車を買ったんだ！

## POINT

bought a（ボウト　ア）⇦ 学校英語

▼リエゾン!

「ボラ」← ネイティブ

さぁ、言ってみよう！

1.「ボラボラボラボラボラボラ 」
2.「Iボラbrand new car!」⇨60回エクササイズしよう！

## ミニストーリー「ヒロ君の冒険」

Hiro: I got a dáte tonight!
　　　（ガラ）
Co-worker: Yóu can't wear thát!

ヒロ:今晩デートなんだ！
同僚:その服はまずいだろう！

## FOLLOW-UP DIALOG

# NEW WHÉELS (新しい車)

A: Did you buy a new cár?
B: Yéah, I bought a bránd new Ferrári.
　　　　　　(ボラ)

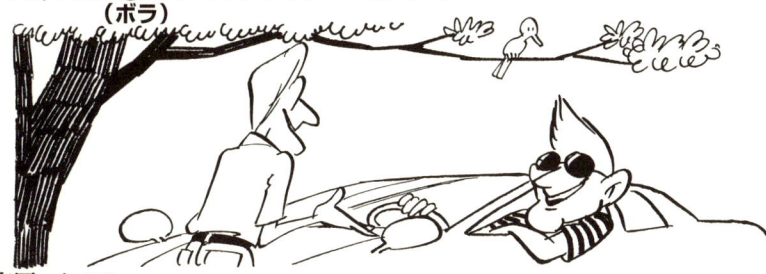

A：新車買ったの？
B：うん。フェラーリの新車を買ったよ。

A: You must have spent a lot of búcks.
B: You can say thát again. I'm flát bróke.

A：大金はたいたんだね。
B：もうすっかり無一文だよ。

---

### *COFFEE BREAK*

では、ここで歯医者さんの指示に従って口を開けてください。「ボラボラ」の「ボ」は明確な「ボ」ではなく、「バー」と顔を天井に向けて発する音がより正確な音です。CDをよく聞いて、音の違いに気をつけましょう。
会話文に出てくる"brand new car"は、新しい自動車、テレビ、衣服、革製品などによく使う表現です。
"flat broke"は「無一文」という意味。
友達同士で自動車のことを"wheels"とか"bomb"（爆弾）とか、おどけて"jalopy"（おんぼろ車）などの表現を使う。

---

Hiro: Then, can Í borrow some clóthes?
Co-worker: Yéah, I just bought a bránd new súit.
　　　　　　　　　　　　　　(ボラ)
　　　　　　I'll let you wéar it.

ヒロ：うん、何か借りれる服ないかな？
同僚：新しいスーツ買ったばかりだけど、貸してやるよ。

# ハイディの法則 ㉓

# あソレソレ

**ミニダイアローグ**

A : You're láte!!!
B : I thought it was 8!

訳:A:遅いじゃない!
　　B:8時じゃなかったっけ?

**POINT**

thought it (ソウト　イット) ⇦ 学校英語

▼ リエゾン!

「ソレ」 ← ネイティブ

さぁ、言ってみよう!

1.「あーソレソレ、あーソレソレ、あーソレソレ」
2.「ソレwas, ソレwas, ソレwas」
3.「Iソレwas 8!」⇨60回エクササイズしよう!

**ミニストーリー「ヒロ君の冒険」**

Hiro: I thought it was lóve, but she's not cóming.
　　　　　(ソレ)

ヒロ:あれは恋だと思ってけど… やっぱり彼女は来ない…

## FOLLOW-UP DIALOG

## AFTER THE FLÍCK（映画のあとで）

A: How was the móvie?
B: I thought it was gréat.
　　　（ソレ）

A：映画どうだった？
B：とても良かったと思うわ。

B: But what did you thínk?
A: I thought it was just ókay.
　　　（ソレ）

B：あなたはどうだった？
A：まぁ、いいんじゃない。

B: Just ókay?
A: Yéah, I thóught it was a little slów.
　　　　　（ソレ）

※Flick = スラングで「映画」。

B：「まぁいいんじゃない」だけ？
A：うん、少しスローな映画だったね。

### COFFEE BREAK

お祭りなどでよく耳にする「あソレソレ〜♪」を使ってアプローチ！2,3回繰り返した後、出だしの「ソ」の個所を舌を出して"th"を意識しながら言うと、もうすでに"I thought it"まで言えてることになる。あとは"was great."を付け足せば完璧だ！"What did you think?"は「ワッジュthink」と短縮される場合もあるので要注意!! ミニストーリーの中の"long face"は字のごとく、待ちくたびれた長〜い顔。

---

Lynn: Hi, why the long fáce?
Hiro: I've been waiting since 6!
Lynn: Sórry, I thought it was 7!
　　　　　　　（ソレ）

リン：こんばんは！うかない顔してどうしたの？
ヒロ：6時から待ってたんだよ！
リン：あら！ごめんなさい。7時だと思ってたわ！

# ハイディの法則 ㉔

# イゼリ

## ミニダイアローグ

A : Is it enóugh?
B : No, you need another twenty cénts.
（法則39イライラ参照）

訳:A:これで足りますか？
　　B:いえ、20セント足りません。

## POINT

Is it enough（イズイットイナフ）　⇨　学校英語

▼ リエゾン!

## 「イゼリナフ」 ← ネイティブ

さぁ、言ってみよう！

「イゼリイゼリイゼリイゼリイゼリイゼリ 」
「イゼリナフ？」⇨ 60回エクササイズしよう！

## ミニストーリー「ヒロ君の冒険」

Hiro: That was gréat!
Lynn: Is it enóugh?
　　　　（イゼリ）

ヒロ:おいしかったね！
リン:充分足りた？

# FOLLOW-UP DIALOG

## RENTING A BIKE（自転車のレンタル）

A: Is it easy to ríde?
　　（イゼリ）
B: Súre, it's a bréeze.

A: Is it éast to the móuntains?
　　（イゼリ）
B: No, to the wést.

A:これ、乗りやすいですか？
B:朝飯前だよ。

A:山に向かって東ですか？
B:いえ、西です。

A: I've only got thrée hours. Is it enóugh?
B: Yóu'll make it okáy.
　　　　　　　　　（イゼリ）

※Is it, Is that 発音上ほとんど同じ

A:3時間しかないんですけど、間に合います？
B:十分間に合うよ。

### COFFEE BREAK

古今東西問わず、いろんな心理的なことから拒食症に陥ったり過食症に陥ったりする人が多々いる。英語では"anorexia"（拒食症）、"bulimia"（過食症）という。僕はどちらかというと"compulsive overeater"。要するに「衝動的にモノを口にいれてしまう」ところがあるかな？

Hiro: Yéah, I'm stúffed.
Lynn: Let's go out for dessért!
Hiro: More fóod!?

ヒロ:うん、いっぱいだよ。
リン:じゃあデザート食べに行きましょ！
ヒロ:まだ食べるの？？？

# ハイディの法則 ㉕

# グリグリ

## ミニダイアローグ

A : Good evéning, can I hélp you?
B : I'm lóoking for a blue shírt.

訳:A:こんばんは、いらっしゃいませ。
　 B:青いシャツがほしいんですけど。

## POINT

good evening（グッド　イブニング）⇦ 学校英語

▼ リエゾン!

「グリーヴニング」 ⬅ ネイティブ

さぁ、言ってみよう!

1.「グリグリグリグリグリグリグリグリ 」
2.「グリーヴ、グリーヴ、グリーヴ、グリーヴ 」
3.「グリーヴニング」⇨ 60回エクササイズしよう!

---

### ミニストーリー「ヒロ君の冒険」

Staff: Good evéning, can I hélp you?
　　　　　（グリ）
Lynn: A tríple scoop cóne for me.

店員:こんばんは、いらっしゃいませ。
リン:3スクープをコーンで。

## FOLLOW-UP DIALOG

# CHECKING IN (チェックイン)

A: Good evéning sir. May I hélp you?
　（グリーヴニング）
B: Yés, would you help me cárry this bág up the stáirs?

A：こんばんは、何かございますか？
B：ええ、この荷物を上に持っていきたいんだけど、手伝ってもらえるかな。

A: Will this single róom be góod enóugh?
　　　　　　　　　　　　　　（グリー）
B: That's góod enough. Thánk you.
　　　（グリー）

A：こちらのお部屋でよろしいでしょうか？
B：十分です。ありがとう。

## *COFFEE BREAK*

一日24時間出てくるフレーズですね。でも注意！"Good evening"，"Good afternoon"はリエゾンできるけれど、"Good morning"はV-C-Vラインが成立しないので当てはまりません！ところで、"Goody, goody!"といえば「ことにおいしい食べ物」や「キャンディー」のこと。とくに子供が歓びを表現するとき「ステキ！」「すごいや！」という意味で使われる。ついでに、ご馳走を前にして「おいしそう！」という場合は"Yummy, yummy!"とか"Yum, yum"、逆に「オエー！」という場合は"Yuck!"とか"Yucky!"と言うんだ。おっと、誰ですか？グラマーな女性を見たら"Yummy yummy"なんて言う人は？？？

Hiro: Just a wáter please.*
Staff: Is thát it?
Hiro: That's góod enóugh.
ヒロ：お水だけ下さい。　（グリ）
店員：それだけでよろしいですか？
ヒロ：それで充分です。

*注：水は通常数えられないので "a glass of water" とか "a cup of water" が正しいけど、
　　日常会話の中では、はしょって言う場合がある。

# ハイディの法則 ❷⑥

# シリ

## ミニダイアローグ

A : What did you study in univérsity?
B : I májored in English Lít.

訳:A:大学では何を勉強したの？　(A)は文法的には in the university が正しい
　　B:英文学を専攻したよ。

## POINT

university（ユニヴァーシティー）　⇔　学校英語

▼ リエゾン！

# 「ユニヴァーシリー」 ← ネイティブ

さぁ、言ってみよう！

1.「シリシリシリシリシリシリ」
2.「univerシリー」⇨60回エクササイズしよう！
　※シはあくまでもセに近づけて発音してください。

### キミ知ってた？

"English Literature" → "English Lit."
　　"mathematics" → "math"
　　　　"Professor" → "Prof."
と省略する場合がある。

## ミニストーリー「ヒロ君の冒険」

Lynn: I lóve this cíty.
　　　　　　　（シリー）
Hiro: It's a gréat cíty.
　　　　　　　　（シリー）

リン:この町好きだわ。
ヒロ:ここはいい所だよね。

# FOLLOW-UP DIALOG

## ALMA MÁTER（母校）

A: What univérsity did you gráduate from?
(シリー)
B: I gráduated from the University of Califórnia.
(シリー)

A：どこの大学を卒業したの？
B：カリフォルニアの大学を卒業したのよ。

A: Does thát mean you lived in the city of Los Ángeles?
B: Yéah, I went to U.C.L.Á.

A：じゃあロサンゼルスに住んでたの？
B：いいえ、カリフォルニア大学ロサンゼルス校にいたの。

### COFFEE BREAK

僕が若かりし頃、ある専門学校で英語を教えていたとき、女子生徒が僕の背後で「ハイディのお尻がカッコイイ！」「触らせて～！」なんてキャーキャー言っていたのを思い出す。男性として常に僕は腕立て伏せをしてバーベルを上げて、とマッチョ像をイメージしていたんだけど、女性から見ると男性の腕の盛り上がっている血管、喉仏、手の大きさ、背骨の窪みなどに惹かれるらしく、そんなことはまったくシリませんでした。支離滅裂なことを言ったけれど、基本は「シリ」の「リ」にあるんですよ。「シ」は「スイスイ」の「ウ」の音を省いた音。CDをよく聞いて、かっこよく「シリー」と言えるように練習しよう！

---

Lynn: Wanna go to Dísneyland tomórrow?

Hiro: I gotta wórk. How about Sáturday?

Lynn: You're ón! (= Let's do it!)

リン：明日ディズニーランドに行かない？
ヒロ：仕事なんだけど。土曜日はどう？
リン：乗った！

# ハイディの法則 ㉗

# キャンキャン

**ミニダイアローグ**

A : You can dó it for me, cán't you?
B : What can I dó for you?

訳:A:ちょっと助けてくれる?
　B:何したらいい?

**POINT**

can（キャン） ⇦ 学校英語

⬇

「クン」 ⬅ ネイティブ

さぁ、言ってみよう!

1.「クンクンクンクンクンクンクン 」
2.「What クナイ do for you?」⇨ 60回エクササイズしよう!
　※ "〜 can't you?" は「キャン」でOK!

**ミニストーリー「ヒロ君の冒険」**

Staff: Can I hélp you?
　　　　(ケナイ)
Hiro: Twó adúlts, please.

スタッフ:いらっしゃいませ。
ヒロ:大人2枚お願いします。

## FOLLOW-UP DIALOG

# HITCHING A RÍDE（ヒッチハイク）

A: Excúse me. Could yóu tell me how I can get to the airport from hére?
B: You can take a táxi of course, or you can get a bús.
　　　　（クン）　　　　　　　　　　　　　　　（クン）

A：すいません、ここから空港までどうやって行けばいいか教えてもらえませんか？
B：タクシーに乗るか、バスでも空港に行けますよ。

A: Do yóu think you can take me in your béautiful cár?
　　　　　　　　　　（クン）
B: Lóok, lády. I'm a búsy man.

A：あなたのステキな車で空港まで連れていってもらえませんか？
B：あのね、お嬢さん。僕とっても忙しいんだよね。

### COFFEE BREAK

　一般的に日本人は、どうしても犬がキャンキャン鳴くように"CAN"の発音を「キャンキャン」と言ってしまう。だけど、"can"が文中にある場合は、「キャンキャン」よりは「クンクン」に近い音になるぞ。CDをよく聞いて、違いを認識しよう！
　下に出てくるミニストーリーの中で、"It's on me."と"my treat"は「おごる」という意味。アメリカで新しくオープンしたお店なんかに入ると、「飲み物は無料にさせて頂きます」を"The drinks are on the house."と、"on the house"「当店持ち」という表現を使う。

Lynn: Thánks, Hiro. Can I give you some móney?
　　　　　　　　　　（ケナイ）
Hiro: Nó, it's on mé, my treat.

リン：ヒロ、ありがとう。少し払うわ。
ヒロ：いや、僕が出します。

73

# ハイディの法則 ❷❽

# 8・9・10メソッド
（ハチ・キュウ・ジュウ）

## ミニダイアローグ

A : What did you gét?
B : I bought a brand new súit!

訳:A:何買ったの？
　　B:新しいスーツ買ったよ！

## POINT

What did you（ホワット　ディドゥ　ユー） ⇦ 学校英語

▼ リエゾン！

「ワッジュ」 ← ネイティブ

さぁ、言ってみよう！

1.「ワッジュワッジュワッジュワッジュワッジュ」
2.「ワッジュget?」⇨ 60回エクササイズしよう！

## ミニストーリー「ヒロ君の冒険」

Lynn: What did you gét?
　　　（ワッジュ）
Hiro: I bought a Míckey hat for my Grán'ma.

リン:何買ったの？
ヒロ:おばあちゃんにミッキーの帽子を買ったんだけど。

74

## FOLLOW-UP DIALOG

# BUYING A PET（ペットの購入）

A: What did you búy?
　（ワッジュ）
B: I bought a dóg.

A:何買ったの？
B:犬を買ったのよ。

A: What kínd?
B: I bought a bláck one.

A:どんなの？
B:黒い犬よ。

A: You should've bought a white one.
B: Ná (=No), they get dírty too quíck.

A:白いのにすればよかったのに。
B:いやよ、すぐ汚れるもん。

### COFFEE BREAK
"What did you buy?" の言い方は3通りある。
1.「ホワッ　ディジュ　buy?」（一語一語はっきりと）
2.「ワレジュ　buy?」（リエゾンさせて）
3.「ワッジュ　buy?」（8・9・10メソッド）

Hiro: And yóu?
Lynn: I bought a…well, it's a sécret!

ヒロ:君は？
リン:私はねぇ… えーっと、内緒！

75

# ハイディの法則 ㉙

# カッパ

## ミニダイアローグ

A : How about a cup of cóffee?
B : That's a good idéa.

訳:A:コーヒーでもどう?
　　B:いいわね。

## POINT

a cup of（ア　カップ　オブ）⇦ 学校英語

▼ リエゾン!

「アカッパ」◀ ネイティブ

さぁ、言ってみよう!

1.「カッパカッパカッパカッパカッパカッパ」
2.「アカッパアカッパアカッパアカッパ」
3.「アカッパ　coffee（カーフィー）」⇨ 60回エクササイズしよう!

アカッパ

## ミニストーリー「ヒロ君の冒険」

Hiro: I'm tíred.
Lynn: Let's get a cup of cóffee.
　　　　　　　（アカッパ）

ヒロ:疲れたなぁ。
リン:コーヒーでも飲みましょうよ。

## FOLLOW-UP DIALOG

# OVER A CUP OF CÓFFEE（ティータイム）

A: Can I gét you something to drínk?
B: A cup of cóffee, please.
　（アカッパ）

A: Sórry, the cóffee isn't réady.
B: A cup of téa, then.
　（アカッパ）

A：何かお飲物お持ちしましょうか？
B：コーヒー1杯お願いします。

A：すみません、コーヒーは準備中なんです。
B：じゃあ、紅茶1杯下さい。

A: Ókay, it'll be a couple of mínutes.
　　　　　　　　　（カパラ）

A：はい、少々お待ちください。

### COFFEE BREAK

幼い頃、僕がアメリカに渡るまでは、どうしてアメリカ人はあんなに早口で英語がしゃべれるんだろうかと疑問を持っていたけれど、アメリカに住むようになって、「ははーん！」短縮させたり省略させているからなんだ！と気づいたんだ。日本人はどうしても単語で追ってしまうので "a cup of coffee" はあくまでも「アカップ　オブ　コーヒー」だけれど、アメリカ人が発音するとofが変身して「ア」になり、cupのpとくっついて "pa"、つまり「アカッパカーフィー」になるわけだ！アクセントは「カーフィー」の「カ」に置くことを忘れずに！

Hiro: I don't like cóffee.
Lynn: How about a cup of téa?
　　　　　　　　（アカッパ）

ヒロ：コーヒーは嫌いなんだけど。
リン：じゃあ紅茶はどう？

## ハイディの法則 ❸⓪

# フォロフォロ

### ミニダイアローグ

A : Excúse me, can you take our phótograph?
B : Súre, why nót?

訳:A:すいません、写真撮ってもらえますか?
　　B:いいですよ。
(※Can you take our pictures?も可。)

### POINT

photograph(フォトgraph) ⇦ 学校英語

▼ リエゾン!

# 「フォロgraph」 ← ネイティブ

さぁ、言ってみよう!

1.「フォロフォロフォロフォロフォロフォロ 」
2.「フォロgraph」⇨60回エクササイズしよう!

### ミニストーリー「ヒロ君の冒険」

Hiro: Lýnn, would you like to go to New Yórk with mé?
Lynn: I'd lóve to.
　　　We can take lóts of phótographs together.
　　　　　　　　　　(フォロgraph)

ヒロ:リン、僕と一緒にニューヨークに行かない?
リン:嬉しいわ!一緒に写真たくさん撮りましょうね!

# FOLLOW-UP DIALOG
## CAN YOU TAKE OUR PHÓTO?（写真撮ってください！）

A: Wów! This is a béautiful béach!
B: Let's take a phóto togéther!
　　　　　　　　　（フォロ）

A：わぁ！キレイな海！
B：一緒に写真撮ろうよ！

A: Thát sounds like a góod idea!
B: Excúse me, can you take our phóto?
　　　　　　　　　　　　　　　（フォロ）

A：いい考えだわ！
B：すいません、写真撮ってもらえますか？

### COFFEE BREAK
鳥の種類で「ホロホロ鳥」に登場してもらおう！「ホロホロ」を2,3回「ホロホロホロホロホロ」。その後、下唇を軽く上の歯で噛んで「phoロ、phoロ、phoロ」を2,3回言ったら、あとは一気に"phótograph"、"photogénic"（下線部にアクセントを置くこと！）。ただし、"photógraphy"の"to"はストレス（強調）の関係によってリエゾンされないので、注意！（→フォターgraphy）

Hiro: Sounds gréat!
ヒロ：いいねぇ！

## ハイディの法則・特別編

# WORKSHOP 3
## 「あ」の法則

"o"に第一アクセントがあるときは、十中八九、「あ」と発音される。

**例えば…**

| 今までは | これからは |
|---|---|
| John（ジョン） → | ジャーン |
| mop（モップ） → | マープ |
| box（ボックス） → | バークス |
|  | etc. |

"o"に第一アクセントがないときは、
この法則は当てはまらないので注意！

**例えば…**

| 今まで通り | 悪い例 |
|---|---|
| companion（コンパニオン） → | × カンパニオン |
| community（コミュニティー） → | × カミュニティー |

**覚えておこう!!** 「パピプペポ」（半濁音）「バビブベボ」（濁音）などにも「え」段の法則は使えますね。

**例えば…**

| 今までは | これからは |
|---|---|
| business（ビジネス） → | ベゼネス |
| 究極は！<br>hospital（ホスピタル） → | ハスペロー |

（「あ」の法則／「え段」の法則／リエゾンの3つが使われている）

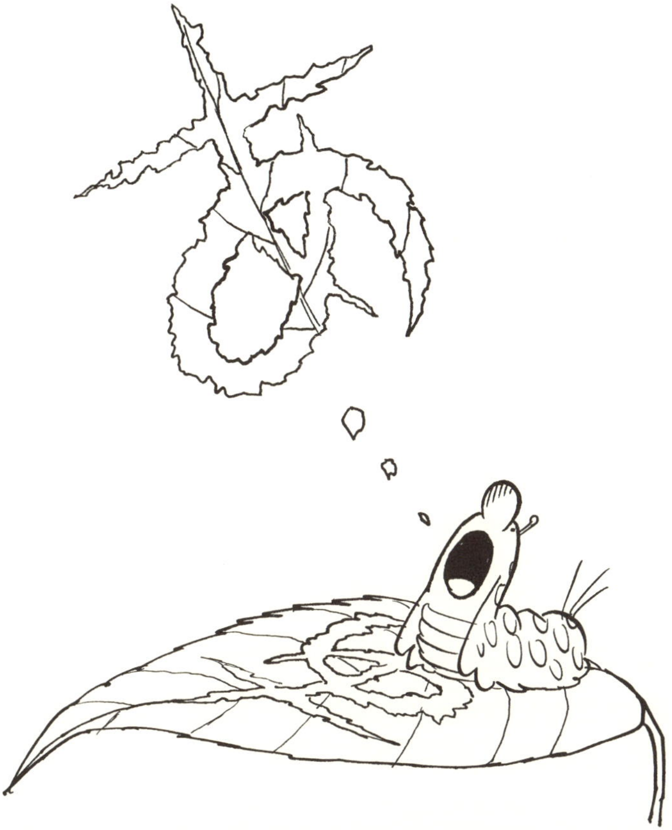

# ハイディの法則 ㉛

# ウズウズ

### ミニダイアローグ

A : Can you pay me back as sóon as póssible?
B : I'll try my bést.

訳:A:できるだけ早くお金返してくれない?
　　B:努力するよ。

### POINT

as soon as（アズ　スーン　アズ）◁ 学校英語

▼

# 「アズスーナズ」 ◀ ネイティブ
（アはウに近い音で）

さぁ、言ってみよう!

1.「アズアズアズアズアズアズアズ 」
2.「ウズウズウズウズウズウズ 」
3. 口を大きく開けないで「ウズウズ」の開き具合で「アズスーナズ」
4. as soon as は「アズスーナズ」、as fast as は「アズファスタズ」
➪ 60回エクササイズしよう!

### ミニストーリー「ヒロ君の冒険」

Lynn: Let's gó as sóon as póssible.
　　　　　（アズスーナズ）
Hiro: My friends in New Yórk are as crázy as éver.

リン:早く行きましょ!
ヒロ:ニューヨークの僕の友達はハチャメチャノリノリだよ。

## FOLLOW-UP DIALOG

# THE BÓRROWED BÓOK（借りた本）

A: When do you need the bóok?
B: As sóon as póssible.
　（アズスーナズ）

A：いつ本がいるの?
B：できるだけ早く。

A: Do you mind waiting a wéek?
B: Nó, not at áll.

A：1週間待ってくれない?
B：いいよ。

### COFFEE BREAK

as～asを日本人はどうしても「アズ〜アズ」としっかり読んでしまうけれど、実際には口の中でこもった音が発せられ、「ウズウズ」に近い音をネイティブは出しているんだ。同時に、"as soon as" の "soon as" が重なって「アズスーナズ」と発音される。では、口慣らしで次の表現を言ってみよう。

as soon as possible　　as late as ever
as big as a house　　as small as a mouse

---

Lynn: Should we drive or fly?
Hiro: Let's drive. This car is as fást as líghtning.
　　　　　　　　　　　　　（アズファスタズ）

リン：車で行く? 飛行機で行く?
ヒロ：車で行こうか。この車は稲妻のように早いからね!

# ハイディの法則 ㉜

# ロブロブ

**ミニダイアローグ**

A : This class is tóo bóring!
B : Let's get óut of hére!

訳:A:この授業つまんないな。
　　B:抜け出そうぜ!

**POINT**

out of（アウト　オブ）⇦ 学校英語

▼ リエゾン!

「アウロブ」◀ ネイティブ

さぁ、言ってみよう!

1.「ロブロブロブロブロブロブロブ 」
2.「アウロブ、アウロブ、アウロブ、アウロブ 」
3.「getアウロブ、getアウロブ、getアウロブ 」
4.「Let's getアウロブhere!」⇨60回エクササイズしよう!

**ミニストーリー「ヒロ君の冒険」**

Hiro: We're out of gás. Fill her up, pléase.
　　　　　（アウロブ）
(her = car / boat)
ヒロ:ガソリンがないんですけど。満タンでお願いします。

## FOLLOW-UP DIALOG

# TIME TO GO (もう行こう)

A: Wanna stáy?
B: Nó, tóo boring.

A:まだここにいたい？
B:いや、つまんないな。

A: Yéah, I'm óut of here.
（アウロブ）
B: Same hére.

A:だろ？もう出ようぜ。
B:そうしようぜ。

A: Plús, we're out of time.
（アウロブ）
B: Yeah, let's get the hell óut of hére.
（アウロブ）

※ "get the hell / fuck out of here" は下品な言いまわしなので、目上の人に対してはタブー！

A:それに時間もないし。
B:そうだな、ずらかろうぜ！

---

### COFFEE BREAK

"I am out of here." を段階的に捉えると…
1段階目「アイ　アム　アウト　オブ　ヒヤ」(これは誰でも知ってるよね？)
2段階目「アイ　アム　アウロブ　ヒヤ」(リエゾンさせて)
3段階目「アイム　アラ　ヒヤ」(法則67「あらエッサッサ〜」参照)
となるんだ。日常会話の中では頻繁に「アラヒヤ」が出てくるので覚えておこう！もし君の家が炎に包まれているとしたら、アメリカ人は悠長に「レッツ　ゲット　アウト　オブ　ヒヤ」なんて言ってないで「レッツ　ゲララ　ヒヤ！」と来るはずだ！

---

Hiro: Fínally, we're on our wáy!!!
Lynn: Bye bye L.A.!! We're óut of here!!!
（アウロブ）

ヒロ：やっとこれで出かけることができるね！
リン：バイバイロサンゼルス！ロスとも当分お別れね！

# ハイディの法則 ㉝

# ゲリゲリ

**ミニダイアローグ**

A : It's getting colder every day.
B : Yeah, getting up early is hard.

訳:A:寒くなってきたわね。
　　B:そうだね、朝がつらいよ。

**POINT**

Getting　（ゲッティング）　◁　学校英語

▼　リエゾン!

「ゲリン」　◀　ネイティブ

さぁ、言ってみよう!

「ゲリンゲリンゲリンゲリンゲリンゲリン 」
「It's ゲリン colder every day.」⇨60回エクササイズしよう!

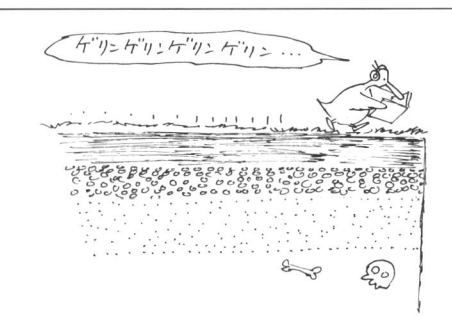

**ミニストーリー「ヒロ君の冒険」**

Hiro: I'm getting sleepy.
　　　　　　（ゲリン）
Lynn: It's getting late. Let's get a room.
　　　　　　（ゲリン）

ヒロ:眠くなってきた。
リン:部屋を借りましょうよ。

86

## FOLLOW-UP DIALOG

# NOT GETTING ALONG（うまくいかない）

A: Are you getting a new jób?
　　　　　　（ゲリン）

B: I'm getting tired of lóoking.
　　　　（ゲリン）
A: Well, I'm getting tired of
　　　　　（ゲリン）
féeding you.

A:新しい仕事見つかったの？

B:探すの疲れちゃったよ。
A:もうあなたを養うの疲れちゃったわ。

C: How are you getting along with your wífe?
　　　　　　　（ゲリン）
B: She's getting on my nérves.

C:最近奥さんとどうなの？
B:彼女といるとイラつくんだ。

### COFFEE BREAK
ミニストーリーの中での"Are you getting at something?"は「何か狙ってるの？」の意味。他に、"insinuate"「（言いにくいことを）遠まわしに言う」という表現もある。"ulterior motives"も聞きなれない表現かもしれないけど、便利なのでぜひ覚えておこう！

Hiro: Síngle or a dóuble?
Lynn: Are you getting at sómething?
　　　　　　（ゲリン）
Hiro: No ultérior mótives.（下心はないよ）

ヒロ:シングル？ダブル？
リン:なにか狙っているの？
ヒロ:下心はないですよ。

# ハイディの法則 ❸

# アラロ

**ミニダイアローグ**

A : Were there a lot of péople?
B : Yés, there were a lot of téenagers.

訳:A:人はたくさんいた？
　　B:うん、10代の子がいっぱいいたよ。

**POINT**

a lot of（ア　ロット　オブ）◁　学校英語

▼　リエゾン！

「アラロブ」 ◀ ネイティブ

さぁ、言ってみよう！

1.「アラアラアラアラアラアラアラ 」
2.「アラロブ、アラロブ、アラロブ 」
3.「There were アラロブ teenagers.」▷60回エクササイズしよう！

**ミニストーリー「ヒロ君の冒険」**

Hiro: We've got a lot of time.
　　　　　　(アラロブ)
Lynn: Let's go see the Gránd Cányon!

ヒロ:時間はたっぷりあるよ。
リン:じゃ、グランドキャニオンを見に行きましょうよ！

## FOLLOW-UP DIALOG

# PIGGING OUT (食いまくり!)

A: You búsy?
B: Ná, I've got a lot of tíme.
　　　　　　　(アラロブ)

A: What do you wanna dó?
B: Let's eat a lot of góod fóod!
　　　　　　　(アラロブ)

A:忙しい?
B:いいや、時間はたっぷりあるよ。

A:これからどうする?
B:たくさんおいしいもの食べよう!

A: But I'm bróke!
B: It's okay, I've gotta lot of móney.
　　　　　　　　(アラロブ)

A:でも、今お金ないよ。
B:いいよ、僕がいっぱい持ってるから。

### COFFEE BREAK

「アラロブ」は3段階のうちの第2段階目の言い方だ。1段階目は「ア　ラット　オブ」。ではここで問題です! 3段階目はどんな言い方でしょう?—はい! おめでとうございまーす!「あーらエッサッサ～」の「アララ」でした! 上のマンガ内の "You busy?" はもちろん "Are" が省かれています。"Gotta" は "got a" のリエゾンです。しかし、"I've got a ～" と "I've got to" の双方に "gotta (ガラ)" が使われるので、ちゃんと聞き分けよう。

Lynn: Well, thére it is.
Hiro: Wów! That's a lot of róck!
　　　　　　　　(アラロブ)

リン:あ、あそこよ!
ヒロ:ワオ! すごい岩だらけだ!

# ハイディの法則 ㉟

# エイボル

### ミニダイアローグ

A : Are you able to drive?
B : Nó próblem.

訳:A:車運転できる?
　　B:問題ないよ。

### POINT

able to（エイブル　トゥ）◁ 学校英語

▼ リエゾン!

## 「エイボル」◀ ネイティブ

さぁ、言ってみよう!

1.「エイボル、エイボル、エイボル、エイボル 」
2.「Are youエイボルdrive?」⇨60回エクササイズしよう!

### ミニストーリー「ヒロ君の冒険」

Hiro: Í'm béat. Are you able to drive?
　　　　　　　　　　　　（エイボル）

Lynn: Nó próblem.

ヒロ:疲れたな。君、運転できる?
リン:いいわよ。

# FOLLOW-UP DIALOG

## AT THE RENT-A-CAR DESK （レンタカーのカウンターにて）

Clerk: Can you drive a stick?
B: Súre, Í am áble to.
　　　　　　（エイボル）

係員：マニュアルは運転できますか？
B：もちろん、できますよ。

Clerk: Will you be able to bring
　　　　　　　　　（エイボル）
the cár báck hére
by 6 pm on Fríday?
B: No próblem. Thánks very much.

係員：金曜日6時までにこちらに車を返せますか？
B：問題ないです。ありがとう。

Clerk: Glad I was áble to hélp. Can I have your crédit cárd?
　　　　　　　　（エイボル）

係員：お力になれて嬉しいです。ではクレジットカードをお願いします。

### COFFEE BREAK

ここにもリエゾンが発生したぞ！"e"と"o"の間に"T"が挟まれているから「エイブル」と「トゥー」が合体して「エイボル」となるわけだ。車のマニュアルは "stick shift" という表現を若者の間でよく使うので、覚えておこう！ 最後の文章に「クレジットカードをお願いします」とあるが、アメリカでは常識で、ホテル予約、レンタカー予約の際にはVISA, MASTER, AMEX, DINER'S, JCBなどのカードを提示しないと予約できないので必ず携帯すること。ラスベガスでは必要ないけれど、ヨーロッパの国々、そして香港ではカジノに行く場合、必ずパスポートを提示しないと入場できないということをよく覚えておこう！

Lynn: How's my drívin'?
Hiro: Like a pró! (professional)

リン：私の運転、どう？
ヒロ：プロみたいよ！

# ハイディの法則 ㊱

# ペロペロキャンディー

## ミニダイアローグ

A : Is he in the hóspital?
B : Nó, he léft the hóspital alréady.

訳：A：彼は今、入院中ですか？
　　B：いいえ、もう退院しましたよ。

## POINT

-pital（―ピタル）　⇔　学校英語

▼　リエゾン！

「ペロー」　← ネイティブ

さぁ、言ってみよう！

1.「ペロペロペロペロペロペロ」
2.「ペローペローペローペローペロー」
3.「ハスペロー、キャペロー、ペロー」⇨ 60回エクササイズしよう！

### キミ知ってた？

「入院中」の他の表現で、"be hóspitalized" とも言う。
ついでに "hospitálity"（厚遇）となると、"I thanked her for her kind hospitálity."（私は彼女の親切なもてなしに感謝した。）というように使える。

## ミニストーリー「ヒロ君の冒険」

Hiro: Hére we áre. New Órleans!
Lynn: World Capital of Cájun Cóoking!
　　　　　　　　(キャペロー)

ヒロ：着いたよ！ニューオリンズだ！
リン：ケージャン料理のメッカね！

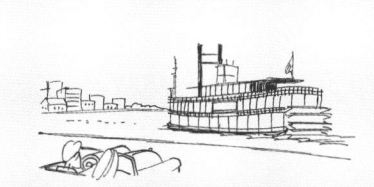

## FOLLOW-UP DIALOG

## WHAT'S THE CÁPITAL OF CALIFÓRNIA?（カリフォルニアの州都は？）

A: Where were you bórn?
B: In LA General Hóspital.
　　　　　　　　（ペロー）

A: Oh, Los Ángeles?
　　Is thát the cápital of Califórnia?
　　　　　　　　　　　（ペロー）
B: Nó, I think it's Sán Francísco.

A：あなたどこで生まれたの？
B：ロサンゼルスジェネラルホスピタルで
　　生まれたよ。

A：え？ロス？ロスってカリフォルニアの
　　州都だったっけ？
B：いいや、サンフランシスコじゃなかったかなぁ？

C: Nó way! The cápital is Sacraménto.
　　　　　　　（ペロー）

C：まさか！州都はサクラメントでしょ？

### COFFEE BREAK

どうしてもジャパニーズイングリッシュは「ホスピタル」になるが、これ超ダサ！かっこよくいきたい場合は、まず「ホ」は「ハ」、「ピタ」は「ペロー」に変身させ、最後は「L」でとどめをさして完璧！そうすると「ハスペロー+L」になるんだ。これを"CAPITAL" "CAPITOL"（キャペローL）にも活用しよう！CAPITALは「首都」「大文字」「資本金」という意味があり、CAPITOLは「アメリカの国会議事堂」を指す（日本の国会議事堂はthe Diet Building、えーい！もいっちょついでに！英国の場合はthe Houses of Parliamentといいますね！）。ミニストーリーの"CAJUN"とはFRENCH AMERICAN COOKINGのこと。1800年代、アメリカ南部・中部地帯、フランスが所有していたLouisiana Territoryをフランスがアメリカ合衆国に売却した。ま、そんなわけで、ニューオリンズ地帯はフランスの影響をかなり受けている。

Lynn: Lísten to that músic!

Hiro: Gréat stúff!

リン：この音楽すてき！
ヒロ：最高だな！

## ハイディの法則㊲

# お蔦（つた）

**ミニダイアローグ**

A : What's thát?
B : I've nó idea.

訳：A：あれ何？
　　B：わかんない。

**POINT**

what's that（ホワッツ　ザット）⇦ 学校英語

▼

「ワツダーッ」◀ ネイティブ

さぁ、言ってみよう！

1.「お蔦お蔦お蔦お蔦お蔦お蔦 」
2.「ワツタ、ワツタ、ワツタ、ワツタ 」
3.「ワツダーッ、ワツダーッ、ワツダーッ 」⇨60回エクササイズしよう！

**ミニストーリー「ヒロ君の冒険」**

Hiro: I réally wanna see sómething.
Lynn: What's thát?
　　　（ワツダーッ）

ヒロ：ぜひ見たいものがあるんだ。
リン：何？

## FOLLOW-UP DIALOG
# WHAT'S THÁT?（それ何？）

A: **What's thát?**
　（ワツダーッ）
B: **It's a gádget.**

A: **What's thát for?**
　（ワツダーッ）
B: **I don't know.**

A：それ何？
B：家の小道具だよ。

A：何に使うの？
B：知らない。

A: **Is it for a ××○○??**
B: **What's thát? (=What did you say?)**
　（ワツダーッ）

A：それは、××○○なの??
B：え？何？

### COFFEE BREAK
この法則は "～t's" の発音が苦手な日本人に教えるために僕があみ出したもの。「ワッタワッタ」と、"t's" の音が出てこない。そこで、江戸時代、明治、大正の頃よく登場した女性の名前をちょっと拝借。「お蔦！ お蔦！ お蔦！」と2,3回、力を込めて歌舞伎調に叫んでみよう！ その後は「ワツダーッt!」。これで君も、もうアメリカン！

Hiro: Mt. Rúshmore, in South Dakóta.
Lynn: Thát's a 26-hour drive!

ヒロ：南ダコタのラシュモア山なんだ。
リン：26時間もドライブする気?!

## ハイディの法則 ㊳

# 藤十郎

**ミニダイアローグ**

A : It's réally crówded!
B : I tóld you so.

訳：A：すごい混んでる!!
　　B：だから言っただろ?

**POINT**

told you（トールド　ユー）◁ 学校英語

▼

「トージュー」◀ ネイティブ

さぁ、言ってみよう!

1.「藤十郎、藤十郎、藤十郎、藤十郎」
2.「トージュー、トージュー、トージュー 」
3.「Ｉトージュー」⇨60回エクササイズしよう!

**ミニストーリー「ヒロ君の冒険」**

Hiro: Thís drive is foréver.
Lynn: I tóld you so.
　　　　（トージュー）

ヒロ：この運転気が遠くなるな…
リン：だから言ったじゃない。

## FOLLOW-UP DIALOG

# I TÓLD YOU SO（だから言ったのに）

A: Óh! It's so hót!
B: I tóld you to stay awáy
　（トージュー）
　from Kimchee, dídn't I?

A：わぁ！からい!!
B：だからキムチはやめとけって言っただろ？

A: But I didn't know it was thís hót!
B: But I tóld you to be cáreful.
　　　（トージュー）

A：でもこんなに辛いと思わなかった！
B：でも気をつけろって言っただろ？

A: How was Í supposed to know?
B: Well, I tóld you so.
　　　　（トージュー）

A：わかるはずないよ！
B：とにかく僕は言ったからね。

---

**COFFEE BREAK**

はたまた！BACK TO THE FUTUREならず、BACK TO THE OLD DAYS!「藤十郎、藤十郎、藤十郎」を2,3回繰り返し、「藤十ル、藤十ル、藤十ル」を2,3回繰り返せば"I told you to go home!"、うまく言えたはずだ。

---

Lynn: Wów, totally áwesome!

Hiro: I tóld you so.
　　　（トージュー）

リン：わあ！素晴らしいわね！
ヒロ：だから言ったでしょう

# ハイディの法則 ㊴

# イライラ

**ミニダイアローグ**

A : The phóne is rínging.
B : Can you pick it up?

訳:A:電話がなってるよ。
　　B:とってくれない?

**POINT**

it up（イット　アップ）◁ 学校英語

▼ リエゾン!

「イラップ」◀ ネイティブ

さぁ、言ってみよう!

1.「イライライライライライラ 」
2.「イラップ、イラップ、イラップ、イラップ 」
3.「Can you ペケラップ?」⇨60回エクササイズしよう!

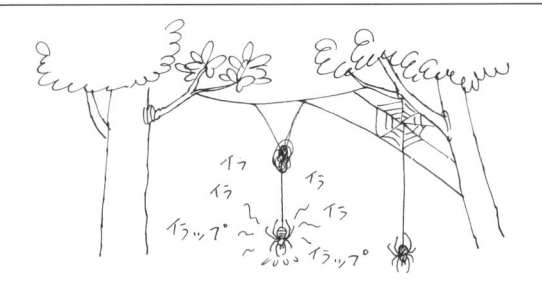

**ミニストーリー「ヒロ君の冒険」**

Lynn: Can I listen to the rádio?
Hiro: Of cóurse, turn it ón.
　　　　　　　　　（ネロン）

リン:ラジオつけてもいい?
ヒロ:もちろん、どうぞ。

# FOLLOW-UP DIALOG

## TURN IT ÚP（上げてみる）

A: I cán't hear the TV́. Please turn it úp.
B: I don't think it's a good idéa. 　（ネラップ）

A：テレビが聞こえないよ。大きくして。
B：それはよくないんじゃないの？

A: Why do you sáy that?
B: It's 2 o'clock in the mórning.
　 Yóu're gonna wake everybody úp in the néighborhóod.

A：どうして？
B：もう朝の2時よ。近所の人たちが起きちゃうわ。

## COFFEE BREAK

このイライラメソッドは僕にとって非常に大切なメソッドである。というのは、「ハイディの法則」の原点であるからなんだ。若かりし頃、ある専門学校で英会話を教え始めた生徒に「"Please turn it up." をrepeatしてください」と要求したところ、全クラス生徒が「プリーズターンイタップ」と発音したので、おったまげた！ そうこうしているうちに、こちらもイライラしてきて、「はっ！」と気づいた。待てよ、この「イライラ」してる自分 の「イライラ」言葉が使える！と。そこで、生徒に「ハイディはイライラしてるー！」と繰り返させて一気に "Please turnイラップ！" と言わせたら、見事的中！ これが元となってハイディの法則はどんどん増えていったんだ。君も何かに向かえば何かが見えてくるかも!!!

Hiro: I cán't hear a thíng.
Lynn: Í'll turn it úp.
　　　（ネラップ）

ヒロ：何も聞こえないよ。
リン：ボリューム上げるわ。

## ハイディの法則 ⓴

# ディラディラ

**ミニダイアローグ**

A : What did you dó?
B : I cóuldn't hear the TV
　　 so I turned it úp.

訳：A：どうしたの？
　　 B：テレビが聞こえなかったから、大きくしたんだ。

**POINT**

turned it up（ターンド　イット　アップ）◁ 学校英語

▼ リエゾン！

「ターンディラップ」← ネイティブ

さぁ、言ってみよう！

1.「ディラ、ディラ、ディラ、ディラ、ディラ 」
2.「ディラップ、ディラップ、ディラップ、ディラップ 」
3.「I turnディラップ」⇨ 60回エクササイズしよう！

**ミニストーリー「ヒロ君の冒険」**

Hiro: Oh, nó! We're out of gás!
　　　　　　　　　　　(アラ)
Lynn: I thóught it was fúll.
　　　　　　　　　　(ソレ)

ヒロ：まいったなー！ガス欠だ！
リン：満タンだと思ったのに。

100

## FOLLOW-UP DIALOG

# IT'S TOO LÓUD! (うるさすぎ！)

A: Say Pát! Why is the radio so lóud?
B: I cóuldn't héar it, so I turned it úp.
　　　　　　　　　　　　　　（ディラップ）

A：ねぇ、パット、どうしてラジオこんなに大きな音なの？
B：聞こえなかったからボリューム上げたんだけど。

A: The báby is sleeping like a lóg.
B: Óh! How cáreless of me!

A：赤ちゃんがぐっすり眠ってるのよ。
B：わ！全然気づかなかった！

### COFFEE BREAK

通常、ハイディの法則を知らない場合は、「ターンドイットアップ」と言うだろう。でも活用すれば「ターンディラップ」になるぞ。Two-word verbs（動詞句）にはいっぱい出てくるので、覚えておこう！(190ページ参照) マンガの中の "sleep like a log" は丸太棒が横たわっているのを想像すればわかるけれど「ぐっすり眠っている」という意味。ついでに「寝返りをうつ」は "toss and turn"、「いびき」は "snore"、「寝言」は "sleep-talk"、「夢遊病者」は "sleep walker"。もひとつついでに、"my foot went to sleep" は「足がしびれた」という意味。

Hiro: We búrned it úp.
　　　　　（バーンディラップ）
Lynn: I'm so fed úp.
　　　　　（フェラップ）

ヒロ：タンクが空っぽの感じ。
リン：まいったわー。

ハイディの法則・特別編

# WORKSHOP 4
## 5W's＆1Hの法則

さぁ、このセクションでは、リエゾンがいかに"5W's＆1H"の中で生かされているかを検証してみよう！

言うまでもないが、"5W's＆1H"は、WHAT, WHEN, WHERE, WHO, WHY＆HOWである。

付け加えて、このリエゾンは、第2人称だけで活躍しているわけではないのだ。

では、I, YOU, HE, SHE, IT, THEY, WEの順でいかにリエゾンが活躍しているかを見てみよう。

**まず最初に"WHAT"からいこう。**

1. What do I wanna dó?
   "t"と"d"は一つの子音（C）とみなされる
   （ワルアイ）

2. What do you wanna dó?
   （ワルユ）

3. What does he wanna dó?
   "he"の"h"は音声同化のため消える
   （ワルzee）

4. What does she wanna dó?
   （ワルshe）

5. What does it wanna dó?
   （ワルzit）

6. What do they wanna dó?
   （ワルthey）

7. What do we wanna dó?
   （ワルwe）

**次は、"WHEN"で。**

1. When do I wanna dó it?
2. When do you wanna dó it?

ここでそろそろ気がついてほしい！

"When do..."の場合は、v-c-vラインが成立していないので、リエゾンは発生しないわけだ！

### 次は "WHERE" だ。 リエゾンは はい、成立してます！

1. Where do I wanna go?
   (wheルアイ)

2. Where do you wanna go?
   (wheルユ)

3. Where does he wanna go?
   (wheルzee)

4. Where does she wanna go?
   (wheルshe)

5. Where does it wanna go?
   (wheルzit)

6. Where do they wanna go?
   (wheルthey)

7. Where do we wanna go?
   (wheルwe)

### 次は、"WHO"。

1. Who do I wanna see?
   (フルアイ)

2. Who do you wanna see?
   (フルユ)

3. Who does he wanna see?
   (フルzee)

4. Who does she wanna see?
   (フルshe)

5. Who does it wanna see?
   (フルzit)

6. Who do they wanna see?
   (フルthey)

7. Who do we wanna see?
   (フルwe)

## ハイディの法則

**次は"WHY"。**

1. Why do I wanna go?
   (whyルアイ)

2. Why do you wanna go?
   (whyルユ)

3. Why does he wanna go?
   (whyルzee)

4. Why does she wanna go?
   (whyルshe)

5. Why does it wanna go?
   (whyルzit)

6. Why do they wanna go?
   (whyルthey)

7. Why do we wanna go?
   (whyルwe)

**最後に、"HOW"です!**

1. How do I do this?
   "how"の"w"は子音(C)だけど、
   音としては母音(V)と同時に"w"はあまり強調されない!
   (ハルアイ)

2. How do you do this?
   (ハルユ)

3. How does he do this?
   (ハルzee)

4. How does she do this?
   (ハルshe)

5. How does it do this?
   (ハルzit)

6. How do they do this?
   (ハルthey)

7. How do we do this?
   (ハルwe)

---

WHで始まる疑問文で、WHICHがあるけれど、リエゾンが生じないのであしからず。
それから付け加えておくと、5番の"How does it do this?"は、situationとしては携帯やコンピュータなどの機器、犬とか猫とか動物を飼っている場合生じる表現かもしれない。
さぁ、この説明で目からウロコが落ちた人も多いんじゃないかな?

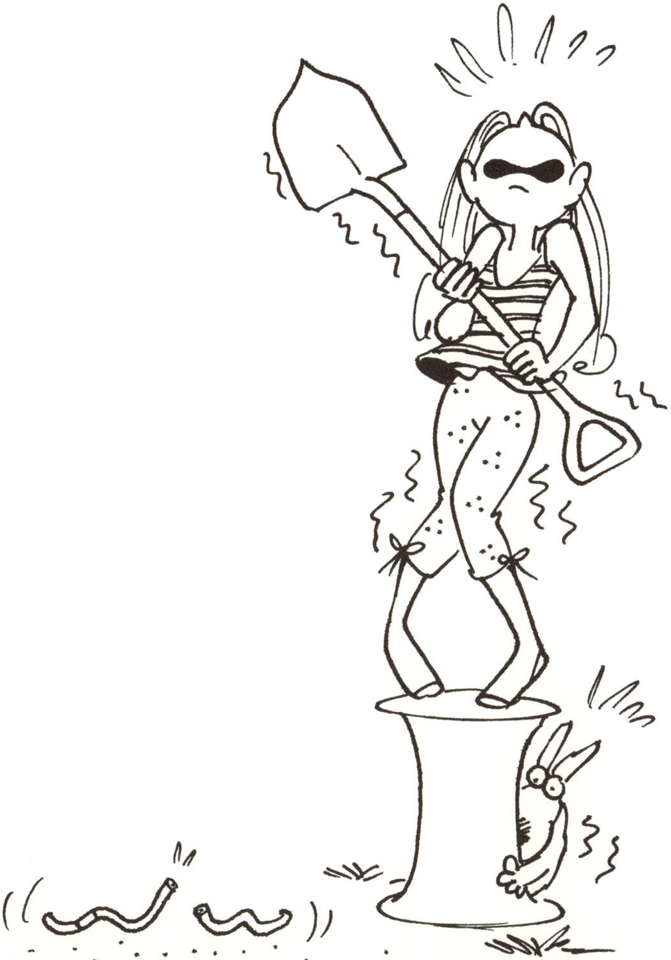

## ハイディの法則 ㊵

# イロイロ

**ミニダイアローグ**

A : The tóast is búrning, can you túrn it óver?
B : Súre.

訳:A:パンが焦げちゃう！裏返してくれる？
　　B:いいよ。

**POINT**

it over (イット　オーバー) ⇦ 学校英語

▼ リエゾン！

「イローバー」← ネイティブ

さぁ、言ってみよう！

1. 「イロイロイロイロイロイロイロ」
2. 「イローバー、イローバー、イローバー、イローバー」
3. 「Can you turnイローバー？」⇨ 60回エクササイズしよう！

**ミニストーリー「ヒロ君の冒険」**

Lynn: Í'm so cóld.
Hiro: Hére, take my swéater.

リン:寒いわ。
ヒロ:ほら、ぼくのセーターはおったら。

## FOLLOW-UP DIALOG

# STOP THE MUSIC!（音楽を止めて！）

A: I wanna sleep. Could you turn it off?
B: Why? It's still early! （ネロフ）

A：もう寝たいんだけど、それ消してくれない？
B：どうして？まだ早いじゃない。

A: I have to get up early.
B: But I'm listening to Ricky Martin.

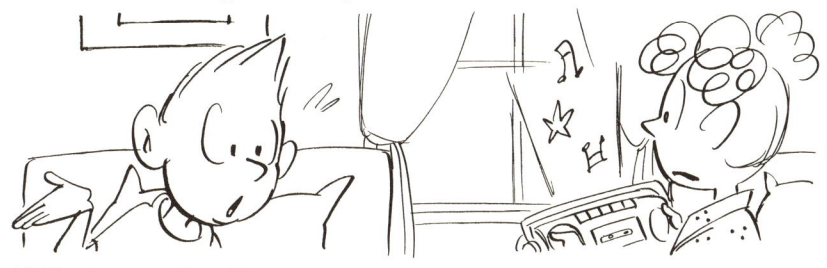

A：早く起きなきゃいけないんだ。
B：だってリッキーマーティン聞きたいんだもん！

### COFFEE BREAK

"She had it all planned to make me feel miserable."（彼女は初めから僕をみじめにさせる計画を企てていた。）この文章の中で "had it all" の部分にリエゾンが2ヵ所あるのがわかるかな？ "had it" = 「ハレ」＋ "it all" = 「エロー」=「ハレロー」になるんだ。このように、リエゾンはいろんな所で活躍しているのがわかると思う。ただ単にハイディの法則のみならず、自分から追求していくのもやりがいがあるというものだ！

Hiro: Put it on.
　　　（イロン）
Lynn: You're my hero, Hiro!

ヒロ：着たら。
リン：あなたは私のヒーローだわ！ヒロ！

# ハイディの法則 ㊷

# ディロディロ

**ミニダイアローグ**

A : Did you turn the páncake óver?
B : Yes, I túrned it óver.

訳:A:ホットケーキ裏返してくれた?
　　B:うん、裏返したよ。

**POINT**

-ed it over（ード　イット　オーバー）◁ 学校英語
-ed it off　（ード　イット　オフ）

▼ リエゾン!

「ディローバー」
「ディロフ」　◀ ネイティブ

さぁ、言ってみよう!

1.「ディロディロディロディロディロ」
2.「ディローバー、ディローバー、ディローバー」
3.「Yes, I turnディローバー」➡ 60回エクササイズしよう!

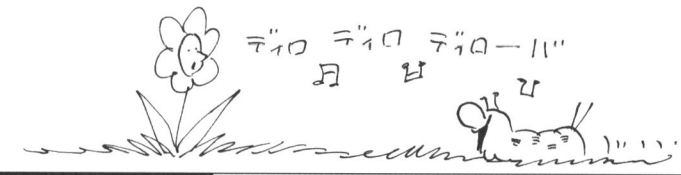

**ミニストーリー「ヒロ君の冒険」**

Hiro: Can you tell us where's the nearest gás státion?
Farmer: Wait here a mínute.

ヒロ:一番近いガソリンスタンドはどこですか?
農夫:ちょっとここで待っててください。

## FOLLOW-UP DIALOG

# A TÓAST (乾杯)

A: Twó people cán't attend the méeting on Friday mórning.
B: Ókay, lét's hóld it óff until everyone can máke it.
　　　　　　（ディロフ）

A：金曜朝の会議は2人欠席だって。
B：そうか、じゃあ全員揃うまで保留にしよう。

A: After the méeting, lét's round it óff with a glass of champágne.
　　　　　　　　　　　　　　（ディロフ）

A：会議が終わったらシャンペンで締めくくろう。

### COFFEE BREAK
上のマンガで出てきた"ROUND IT OFF"は「締めくくる」という意味で紹介されているが、通常「四捨五入」という意味で使われることが多いので、覚えておこう！仮に店に入ってセーターが144ドル40セントだったとして、店員が"I'll round it off and give it to you for $144.00."という具合に使うんだ。
「乾杯」は、"Let's make a toast.", "Cheers!", "Bottoms up." などと言う。

Farmer and wife: We thóught it óver.
　　　　　　　　　　（ソレローバー）
　　　　　　　　You can stay hére tonight.
Hiro and Lynn: You're too kínd.

農夫と妻：考えたんですけど、あなた方今晩ここに泊まりなさい。
ヒロとリン：たいへん申し訳ありません。

# ハイディの法則 ㊸

# イリイリ

**ミニダイアローグ**

A : What should I do néxt?
B : Please fill it ín.

訳:A:次はどうすればいいんですか?
　　B:この空欄を埋めて下さい。

**POINT**

it in (イット　イン) ⇦ 学校英語

▼ リエゾン!

「イリン」 ← ネイティブ

さぁ、言ってみよう!

1.「イリイリイリイリイリイリイリ」
2.「イリン、イリン、イリン、イリン、イリン」
3.「Please fillイリン」⇨ 60回エクササイズしよう!

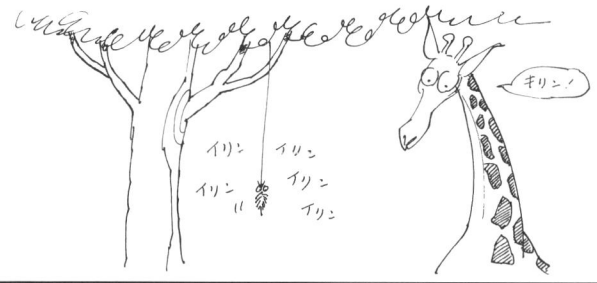

**ミニストーリー「ヒロ君の冒険」**

Hiro: What about the cár?
Farmer: We'll tow it in.　(イリン)
ヒロ:車どうしましょう?
農夫:我々が牽引するよ。

# FOLLOW-UP DIALOG

## AT IMMIGRÁTION IN THE ÁIRPORT（空港の移民局にて）

**Customs Agent: Hére's the immigrátion fórm. Please fill it ín.** (イリン)
**B: Then what do I dó?**

係員：これが手続きの書類です。
　　　空欄を埋めてください。
B：で、どうすればいいんですか？

**Customs Agent: Then you turn it in at Counter B.** (イリン)
**B: What about this bag of óranges?**

係員：それをBカウンターに出してください。
B：このオレンジが入ったバッグは
　　どうしたらいいですか？

**Customs Agent: Sórry, you cán't bring it ín.** (イリン)
**B: What do I dó with it?**

係員：申し訳ありませんが持ち込めません。
B：じゃあ、どうすればいいんですか？

**Customs Agent: Please put it in the trásh bin.** (イリン)

係員：ゴミ箱に棄ててください。

### COFFEE BREAK

「ゴミ箱」のことを通常 "waste basket" か "litter box"、少し箱が大きい場合は "trash bin"、"garbage can" とか "trash can"、それに生ゴミが入っていれば "rubbish can" などの表現を使う。

---

Hiro: You've got a tów-trúck? (ガラ)
Farmer: Náh, we've got Géorge!
Hiro: Géorge!?

リン：牽引車があるんですか？
農夫：いや、ジョージがいるんだよ。
ヒロ：ジョージ？

# ハイディの法則 ㊹

# ディリン

## ミニダイアローグ

A : Did you turn your páper ín?
B : Yés, I turned it ín.

訳:A:レポート出した?
　　B:うん、出したよ。

## POINT

~ed it in（~ド　イットイン）　⇦ 学校英語

　　　▼　リエゾン!

「ディリン」◀ ネイティブ

さぁ、言ってみよう!

1.「ディリ、ディリ、ディリ、ディリ、ディリ 」
2.「ディリン、ディリン、ディリン、ディリン、ディリン 」
3.「Yes, I turn ディリン」⇨60回エクササイズしよう!

## ミニストーリー「ヒロ君の冒険」

Farmer: Méet Géorge.
Lynn: Nice to méet you Géorge.

農夫:ジョージだよ。
リン:はじめまして、ジョージさん。

## FOLLOW-UP DIALOG

# GETTING ÍN (入国)

**Customs Agent: Did you fíll in the Immigrátion fórm?**
**B: Yes, I filled it in.**
（ディリン）

係員：書き終りましたか？
B：はい、書き終りました。

**Agent: Did you túrn it ín at Counter B?**
**B: Yéah, I turned it ín.**
（ディリン）

係員：Bカウンターに出しましたか？
B：はい、出しました。

**Agent: Where is your órange?**
**B: I put it in the trásh.**

係員：オレンジはどうしましたか？
B：ゴミ箱に棄てました。

**Agent: Welcome to América!**

係員：アメリカへようこそ！

---

### *COFFEE BREAK*

結局、日本でもそうだけど、植物に関してはいろいろな規制があって、QUARANTINE COUNTER（検疫）で処分されることが多い。気をつけよう！
でも、小動物、例えばハムスターなどはべつに厳しくない、というのは僕の経験から。

---

**Hiro: It wón't gó?**

**Farmer: Put it in néutral, city-bóy!**
（ブリリン）

ヒロ：動かないかな？
ジョージ：ニュートラルに入れてみたら、お兄ちゃん！

## ハイディの法則 ㊺

# 奈良

**ミニダイアローグ**

A : Excúse me, do you mind hélping mé?
B : Not at áll.

訳：A：すいません、ちょっと手伝っていただけますか？
　　B：いいですよ。

**POINT**

not a〜　（ノット　ア）⇦ 学校英語

▼ リエゾン！

「ナラ」 ◀ ネイティブ

さぁ、言ってみよう！

1.「ナラナラナラナラナラナラナラ」
2.「"not at all" ナラロー、ナラロー、ナラロー」
　⇨ 60回エクササイズしよう！

**ミニストーリー「ヒロ君の冒険」**

Hiro: Thánk you so múch.

Farmer: Not at áll.
　　　　（ナラロー）

ヒロ：本当にどうもありがとう。
農夫：たいしたことないよ。

## FOLLOW-UP DIALOG

# NOT AT ALL（問題ないよ）

A: Do you have tíme?
B: Not a lót.
（ナラ）

A: Well, do you mínd hélping mé?
B: Not at áll.
（ナラロー）

A:ちょっと時間ある?
B:少しなら。

A:じゃあ、ちょっと手伝ってくれる?
B:いいよ。

A: I was expécting everyone to show úp.
B: Not a síngle person cáme?
（ナラ）

A:みんな来てくれると思ってたんだけど。
B:誰も来なかったの?

### COFFEE BREAK
ほとんどの場合、「ノットアットオール」が主流だ。でも、スムーズに言う場合には、「京都・奈良」を2,3回繰り返し、「コノヤロー! コノヤロー!」と言いながら「ナラロー! ナラロー!」とリピートしてみよう! 最後は"L"で締めくくることを忘れずに!

Lynn: Býe and thánks again.
Farmer: Drive sáfe!

リンとヒロ:さよなら。本当にありがとう。
農夫:安全運転でな!

## ハイディの法則 ㊻

# レッド

### ミニダイアローグ

A : How did you go to the United Státes?
B : I flew United. (=United Airlines)

訳:A:アメリカまでどうやって行ったの?
　　B:ユナイテッド航空で行ったよ。

### POINT

united（ユナイテッド） ⇦ 学校英語

▼ リエゾン!

## 「ユナイレッ」 ← ネイティブ

さぁ、言ってみよう!

1.「レッドレッドレッドレッドレッドレッド 」
2.「ユナイレッ、ユナイレッ、ユナイレッ 」
3.「ユナイレッステイツ」⇨60回エクササイズしよう!

### ミニストーリー「ヒロ君の冒険」

Hiro: We're almost thére!
Lynn: Well, nów you've seen the United Státes!
　　　　　　　　　　　　　　　（ユナイレッド）

ヒロ:もう少しで着くよ!
リン:アメリカ通になってきたことだし。

## FOLLOW-UP DIALOG
# I'M SO EXCITED（ドキドキ！）

A: Why are you so excited?
(レッ)
B: Linda invited me to her párty! Would you go with me?
(レッ)

A：どうしてそんなにウキウキしてるの？
B：リンダがパーティに誘ってくれたのよ！一緒に行かない？

## A: Cértainly! I'd be delíghted to!
(レッ)

A：もちろん！喜んで行くわ！

### COFFEE BREAK
United States「ユナイテッドステイツ」と、超ダサいジャパニーズイングリッシュにならないように、リエゾンを使って「ユナイレッステイツ」と、サラッと言ってみよう！他に、"The United Nations"、"The United Kingdom"にも使えますね！

Hiro: Héy, there's New York!
Lynn: At lást!

ヒロ：、やっとニューヨークにたどりつけた。
リン：やっとね。

# ハイディの法則 ㊼

# 牛丼？うな丼？天丼？

## ミニダイアローグ

A : Óops! Párdon mé!
B : Nó próblem.

訳:A:おっと、失礼！
　　B:大丈夫ですよ。

## POINT

-rdon / -rden（―ドン／―デン） ⇔ 学校英語

▼ リエゾン！

「ドゥン」 ← ネイティブ

先を上の歯茎につけて「ドゥン」という音を鼻から出す
（口は上の歯と下の歯に髪が一枚入るくらい開けておく）

### さぁ、言ってみよう！

1.「（東北なまりで）んだ、んだ、んだ、んだ 」
2.「parんだ、parんだ、parんだ 」
3.「parン me!」⇨ 60回エクササイズしよう！

### ミニストーリー「ヒロ君の冒険」

Hiro: Párdon me, where's the Bróoklyn Brídge?
　　　　(parん)
Stranger: Just keep going stráight and you'll hit it.

ヒロ:すいません、ブルックリン橋はどこですか？
通りすがりの人:まっすぐ行けば橋に出るよ。

# FOLLOW-UP DIALOG

## I BEG YOUR PÁRDON？(もう一度言ってください)

A: Are you going to Kýoto this wéekend?
B: I beg your párdon?
　　　　　　　（ドゥン）

A：今週末、京都に行くの?
B：え? なに?

A: I sáid, are you going to Kýoto this wéekend?
B: Yés, I'm góing there to see the beautiful gárdens.
　　　　　　　　　　　　　　　　　　　　　　　（ドゥン）

A：今週末、京都に行くのかと聞いたのよ。
B：ええ、美しい庭をたくさん見に行くの。

### *COFFEE BREAK*

"PARDON"の場合、めいっぱい「ドン」と発音してしまうので、非常にダサイ! でも本当はpardonのdは鼻からフィルターを通して発音されるので、聞いていても爽やかな耳障りのいい音のはずなんだ。法則5「んだんだ」で練習した"cotton"の"-tton"に似ているから同じように練習しよう。garden, Mr.Gordon, Jordan, warden, maiden, burden, forbidden, Sweden, ridden, hidden, sudden, wooden, cordon, sadden という具合に「ドンドン」練習して「ドンドン」ネイティブに近づこう!!!

---

Hiro: Lýnn, will you márry me?
Lynn: Whát! This is so sudden! Well, ÓK!!!
　　　　　　　　　　　　　（サ・ニー）

ヒロ：リン、僕と結婚してくれるかい?
リン：え? そんな突然! でも OKよ!!

119

## ハイディの法則 ㊽

# バロー+L

### ミニダイアローグ

A : Can you gíve me a bóttle of béer?
B : Why don't you have a bóttle of Cóke, instéad?

訳:A:ビール一本ちょうだい。
　　B:コーラ一本にしたら？

### POINT

bottle（ボトル）　⇦　学校英語

▼リエゾン!

「バローL」　← ネイティブ
（「バ」にアクセントを置くこと!）

さぁ、言ってみよう!

（「バ」にアクセント）
1.「バロバロバロバロバロバロ」
2.(べらんめえ調に)「バーロー!、バーロー!、バーロー!、バーロー!」
3.「バローL、バローL、バローL」⇨60回エクササイズしよう!

### ミニストーリー「ヒロ君の冒険」

Lynn: Lét's célebrate!
Hiro: Wáiter, a bottle of Dóm Perignón, please!
　　　　　　（バローL）

リン:お祝いしましょう！
ヒロ:ウェイターさん、ドムをボトルで。

## FOLLOW-UP DIALOG

# A BOTTLE OF BÉER（ビール一本）

**Waitress:** What'll you háve?
**B:** Bottle of béer, please.
（バローL）

**Waitress:** And your friénd?
**B:** Bottle of Cóke for him.
（バローL）

ウェイトレス：なにか？
B：ビール1本ください。

ウェイトレス：お連れ様は？
B：コーラ1本ください。

**Waitress:** No béer?
**B:** He's dríving.

ウェイトレス：ビールじゃなくていいんですか？
B：彼は運転するので。

### *COFFEE BREAK*

日本では「ペットボトル」とか、バーに行けば「ボトルキープ」。「ボトルボトル」って、これじゃぁアメリカでは通じないぞ！ここで思い切って大きな声で家中のみんなに聞こえるように「バロ──!!!」と2,3回叫んでみよう！(注：アクセントは「バ」に置くこと！)最後は舌先を上の歯茎の後ろにピタッとつければ法則完了！君もスッキリしたはずだ！ストレス解消!? バンザ──イ!!!

**Lynn:** Here's to ús!

**Hiro:** Hére's to the fúture!

リン：私たちに（乾杯）!!
ヒロ：未来に（乾杯）!!

## ハイディの法則❹⑨

# 忠犬ハチ公

**ミニダイアローグ**

A : I'm busy with my class assignment.
B : But you can do it tomorrow!

訳:A:宿題で大変なんだ。
　　B:明日やればいいじゃない!

**POINT**

but you（バット　ユー）⇦ 学校英語

▼ リエゾン!

「バッチュー」← ネイティブ

さぁ、言ってみよう!

1.「忠犬・忠犬・忠犬・忠犬・忠犬 」
2.「バッ忠犬、バッ忠犬、バッ忠犬、バッ忠犬 」
3.「バッチューケンdo it tomorrow!」⇨60回エクササイズしよう!

### ミニストーリー「ヒロ君の冒険」

Hiro: I wanna call my friends.
Lynn: But you can call them tomorrow.
　　　（バッチューケン）

ヒロ:友達を呼びたいなぁ。
リン:明日でもいいんじゃない。

## FOLLOW-UP DIALOG

# BUT YOU CAN DO IT TOMÓRROW（明日でいいじゃない）

A: I míssed the train.
B: But you can go tomórrow.
　（バッチュー＋犬）

A: But you cán't come with me.
B: Í knów, but you can have
　　　　（バッチュー＋犬）
fun alóne.

A：電車に乗り遅れちゃった。
B：明日行けばいいんじゃない。

A：でもあなたと一緒に行けないわ。
B：わかってるけど、一人でも楽しいよ。

A: But you prómised.
　（バッチュー）
B: But you know Í'm a líar.
　（バッチュー）

A：でも約束したじゃない。
B：でもオレがウソつきなのは知ってるだろ？

### COFFEE BREAK

ここでは忠犬ハチ公の登場だー！"But you can do it tomorrow."　早口で発音されると「バッチューケンdo it tomorrow.」になるわけだ。これが超ダサ英語だと「バットユーキャンドゥーイットトゥモロー」かっこ悪いですよね！
ここで余談。君も知っていると思うけれど、「小麦粉」のことを「メリケン粉」ともいうよね。これは第2次世界大戦後、アメリカ軍が日本に駐留していた時代、アメリカ人がごく自然に「アメリカンフラワー(flour=小麦粉)」と言ったのを、日本人がそのままうけとめて「メリケン粉」になったんだ。「ラムネ」も聞くところによると、アメリカ人が「レモネード」を「ラモネー」と発音しているのからヒントを得て「ラムネ」になったらしい。

Lynn: I want you alóne tonight.

Hiro: But you can have me ány night.
　　（バッチュー）

リン：二人きりがいいわ。
ヒロ：いつでも二人きりになれるよ。

# ハイディの法則 ⑤⓪

# タントタント?
## (Important)

### ミニダイアローグ

A : Is this necessary?
B : Yés, it's really impórtant.

訳:A:これは必要なの?
　　B:うん、とっても大事なものなんだ。

### POINT

important（インポータント）◁ 学校英語

▼

「ポ」にアクセントを置き、
「タ」は「んだんだメソッド」と同じ要領。

さぁ、言ってみよう!

1.「んだ、んだ、んだ、んだ、んだ 」
2.「imporんだ、imporんだ、imporんだ 」
3.「imporんt、imporんt、imporんt 」⇨60回エクササイズしよう!

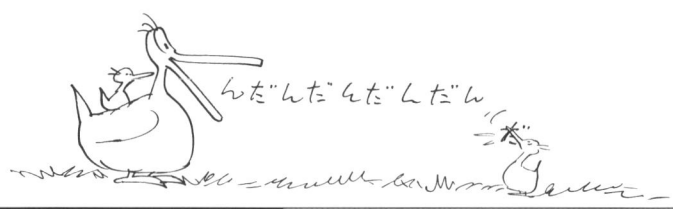

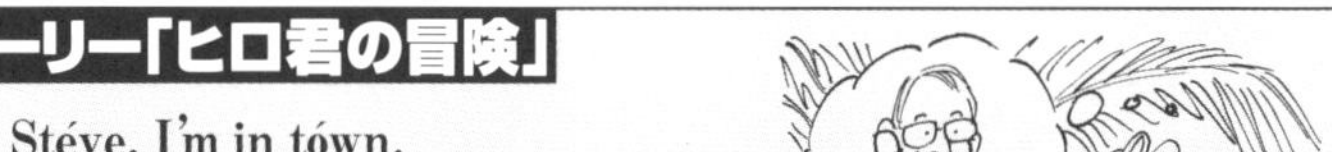

### ミニストーリー「ヒロ君の冒険」

Hiro: Héy, Stéve, I'm in tówn.
Steve: Héy, Hiro! Good to héar from you.

ヒロ:やあ、スティーブ!今NYにいるんだ。
スティーブ:やあ、ヒロ!よく来たな!

# FOLLOW-UP DIALOG

## IT'S IMPÓRTANT（とっても大事！）

A: I have to tálk to you. It's impórtant.
　　　　　　　　　　　　　　（ん）
B: Cóuldn't it wáit?

A：ちょっと話があるんです。重要な件です。
B：後じゃだめかな？

A: Nó, I'm sórry, Mr. Górdon. I don't have much tíme.
　　　　　　　　　　　　（ん）
B: You can talk to Mr. Jórdan Instead.
　　　　　　　　　　　（ん）

A：いえ、ゴードンさん、時間がないんです。
B：じゃあジョーダン氏に話してくれ。

### COFFEE BREAK

この "IMPORTANT" の場合、またまた法則5「んだんだ」が使えます。舌の位置、上下の歯の間隔など、cotton, pardonなどを思い出してください。

ページ下のミニストーリー、"Come on over!" とあるけれど、ふつうは "Please come here."
これがくだけた言い方になると "Come on over!" とか "Come on in!" となります。

Hiro: I've got something réally impórtant to tell you.
　　　　　　　　　　　　　　　（impor んt）
Steve: Come on óver!

ヒロ：君に大事な話があるんだ。
スティーブ：こっちに来たら。

## ハイディの法則・特別編

# WORKSHOP 5
## BACK TO THE BÁSICS（基本に戻って）

僕が英語を教えるとき、必ずウォームアップエクササイズとして取りあげるのがアルファベットだ。日本人がよく間違える発音の文字を次のように大きくしてみた。

A B **C** D E F **G** H I J K **L M**
**N** O P Q **R** S T U **V W** X Y **Z**

**C** のとき、彼女のSHEと発音してしまう人が多いが、これは「メダカがスイスイ」と2，3回言って「ウ」を省いてCを言ってみれば、うまく発音できるはずだ。

**G** は逆にZと発音してしまうことが多いので、「ぢの手術」の「ぢ」です。「痔・痔・痔」と3，4回言ってから、じ——っと伸ばしてGと言ってください。

**L** を発音するときに後者の「る」をラ行音の「る」でごまかしてる人が多いけど、これは間違い。しっかり舌先を上の歯茎の後ろにピッタリ付けて、頭の中で日本語の「う」を発音しようとする。それが「エル」の英語の「ル」に値するわけだ。

**R** も、日本語の「る」は存在しないので、くれぐれも注意。

**M** の時、「む」を日本語で処分してしまうのでこれも間違い。なぜならばMUというと必ず、あとに母音のUが入ってくるので、英語らしくない。この場合は上唇と下唇を閉じて、MMと言ってみよう。

**N** も同様「エヌ」と「ヌ」を言ってしまうのでおかしくなってしまう。「エ」の次に舌を上の歯茎の後ろにつけて「エンーッ」と伸ばして言うとNになる。
Rは日本語にない音なので、「ル」という音は存在しない！CD参照！

**V** もカタカナの「ブイ」と言ってしまうからおかしい。下唇を上の歯で軽く噛んで「V一ッ」と言ってみよう！

**W** は「ダブリュ」は間違い。Uが二つ重なるから「ダボリュウ」になるんだ。

**Z** ZはGではなく、ずいずいずっころばしを2，3回言って、次に「ズイズイ」と3，4回言ってみよう。最後に「ウ」を省いてZ，Z，Zと言ってみよう。

# ハイディの法則 51

# ズイズイずっころばし

## ミニダイアローグ

A : See you next wéek!
B : Take it éasy!

訳:A:また来週ね！
　　B:またね！

## POINT

easy（イージー）　⇦　学校英語

▼

「イーズィー」　◀ ネイティブ

さぁ、言ってみよう！

1.「ズイズイズイズイズイズイズイ」
2.「ズィー、ズィー、ズィー、ズィー」
3.「Take itイーズィー」⇨60回エクササイズしよう！

## ミニストーリー「ヒロ君の冒険」

Hiro: Please call me Ta Ku Shi.

Maitre'd: Nice to méet you Mr. Takeshi.
※Maitre'd=ボーイ長のこと

ヒロ:タクシーを呼んでください。
ベルボーイ:タケシさん、はじめまして。

## FOLLOW-UP DIALOG

## TAKE IT ÉASY（まぁ、気楽にやれよ）

A: Óh! Bóy! I just hit the jáckpot!
B: Take it eásy, Jáck! Easy cóme, easy gó.
　　　　　（イーズィー）　　　（イーズィー）

A：わぁー！大当たりだー！
B：落ち着けよ、どうせあぶく銭だぜ。

A: Dón't worry. I'm not thát crázy.
B: Ányway, éasy dóes it.　（クレーズィー）
　　　　　（イーズィー）

A：心配すんなって。そんなにイカれてないって。
B：ま、何しろ気をつけろよ。

### COFFEE BREAK

これは法則58「スイスイ」の濁音編。要するに、日本語で「ズイズイ」と言えば必ず「ズ」と「イ」の間に母音の「ウ」が入るはずだ。まず、「ズイズイ」と2,3回言ってみよう。その後、「ウ」を省いて「ズイズイ」、そして"easy"。言えたかな？アメリカ人同士の別れの挨拶として"Take care!"（体に気をつけてね！）とか"Take it easy!"（焦らずにね！）がよく使われる。もっと極端に言うと、"Easy now!"で別れを告げることもある。（"easy"＝簡単・落ち着いて）
"He's an easy mark."と言えば「いいカモだ」という意味になる。

Lynn: Nó, nó! We want a TÁXI!
Maitre'd: ÓK. Take it éasy! I'll call a cáb.
リン：そうじゃないの！タクシーをよんでほしいの。
ベルボーイ：おっと失礼！今呼びます。

# ハイディの法則 52

# サントリー   Part 1

## ミニダイアローグ

A : How've you béen látely?
B : I've been sick for a wéek.

訳:A:最近どうしてたの?
　　B:1週間ずっと体調が悪いんだ。

## POINT

lately（レイトリー） ⇦ 学校英語

▼

「レイ」の次のtは口の中で止めて
"-ly"（リー）と発音しよう。

さぁ、言ってみよう！

1.「レイ(t)リー、レイ(t)リー、レイ(t)リー 」⇨ 60回エクササイズしよう！

リー

### ミニストーリー「ヒロ君の冒険」

Steve: Hiro, come on in! Who's your friend?
Hiro: This is my fiancée Lýnn.

スティーブ:ヒロ、入れよ。この友達は誰？
ヒロ:ぼくのフィアンセのリンだよ。

## FOLLOW-UP DIALOG

# EXÁCTLY（その通り！）

**A: How óld are you?**
**B: Take a gúess!**

A：あなた何歳？
B：当ててごらん。

**A: Uh, 29???**
**B: Exáctly!**
（エグザ(t)リー）

A：うーん、29歳？
B：あったりー！

### *COFFEE BREAK*

ウィスキーといえば、日本では超有名ブランドの「サントリー」だけど、聞くところによると、創設者の「鳥井三兄弟」をひっくり返して「サントリー」と名づけたとか。ジーンズメーカーのEDWINも関西系の会社で、「江戸に進出して勝つ」というところから「江戸WIN」となったらしい。タイヤメーカーで有名な「BRIDGESTONE」、これは創設者の「石橋さん」がもと。ここで、サントリーさんにあやかってと。日本人が発音すると「コンプリートリー」「イミディエットリー」「エグザクトリー」と、どうしても "T" の後に母音を入れたがるが、これが超ダサ英語の原因となっているんだ！
train（トレイン）、straight（ストレート）、street（ストリート）、exactly, immediately, completely, lately, justly, それにfortunately, fluently, frequentlyなどなど… "T" の後にはけっしてけっして母音の "O" を入れないように要注意!!!

---

**Lynn: Pleased to méet you.**
**Steve: Wów! I'm complétely surprísed!**
リン：はじめまして。
スティーブ：ワオ！マジで驚いた!!!

# ハイディの法則 ❺❸

# サントリー Part 2

**ミニダイアローグ**

A : Please don't speak so lóudly, I want to sléep.
B : Óh, I'm sórry.

訳:A:少し静かにしてくれない？ 寝たいんだけど。
　 B:あ、ごめん。

**POINT**

-dly（―ドリー） ⇦ 学校英語

▼

「ド」は口の中で押さえて
"-ly"（リー）をはっきり発音しよう。
さぁ、言ってみよう！

1.「ラウ(d)リー、ラウ(d)リー、ラウ(d)リー 」⇨ 60回エクササイズしよう！

**ミニストーリー「ヒロ君の冒険」**

Steve: You both get along so nícely.
Lynn: We're in lóve.
ステイーブ:お二人ともお似合いだよ。
リン:愛し合っているもの。

## FOLLOW-UP DIALOG

# GLÁDLY (喜んで!)

A: I wanna see that movie réally bádly.
B: You tálking about "Titánic"?
("Are" は意図的に省いてある)

A：あの映画見たくてしょうがないんだ！
B：「タイタニック」のこと？

A: Yéah, can you gíve me a ride to the théater?
B: Gládly.

### COFFEE BREAK

これは「サントリーPart1」の濁音編だ。日本語にはない音なので、どうしても"d"と"l"の間に母音を無意識に入れてしまう。そうすると「gladly（グラッドリー）」になって超ダサイ！連想ゲームで完璧にしよう！まず、君は水の中に潜っている。息が苦しくなって水面まで上がる途中、息を殺した状態。口から「ド」と言ってしまえばおぼれてしまうわけだから、水面に辿り着くまでガマンして心で「D」を言いながら、（どちらかというと「せっぱつまったD」をガマンして）水面に出たら「ly（リー）」と言えば超カッコイイぜ！

A：そうさ。映画館まで送ってくれない？
B：喜んで。

---

Hiro: Yéah, we want to be togéther réally bádly.
Steve: Well, I'm glád you fóund someone fínally.

ヒロ：ああ、早く一緒になりたいんだ。
スティーブ：いやいや、いい人が見つかってよかったね。

## ハイディの法則 54

# 忍者殺法ドロン!"T&TH"

**ミニダイアローグ**

A : Do you líke him?
B : Yéah, I líke 'm.

訳:A:彼のこと好き?
　　B:ええ、好きよ。

**POINT**

them / him（ゼム／ヒム） ⇦ 学校英語

▼

「エム／イム」 ← ネイティブ

さぁ、言ってみよう!

1.「イムイムイムイムイムイム」
2.「キムキムキムキムキムキム」
3.「Iライキム」⇨ 60回エクササイズしよう!

**キミ知ってた?**

I like him → I líke 'm（キム）
I like them → I líke 'em（エム）
I like her → I líke 'er（巻き舌のアー）

**ミニストーリー「ヒロ君の冒険」**

Steve: Héy, you guys like the Yánkees?
Hiro and Lynn: We lóve 'em.
　　　　　　　　　　（ラヴェム）

スティーブ:君たち、ヤンキースは好きかい?
ヒロとリン:大好きだよ。

## FOLLOW-UP DIALOG

# I LÓVE 'EM (彼らいいよね！)

A: Do yóu like the Béatles?
B: Yéah! I lóve 'em!
　　　　　　　(エム)

A: Who's your fávorite?
B: I líke 'em áll.
　　　　(ケム)

A：ビートルズ好き？
B：ええ！大好きよ！

A：誰が一番好き？
B：みんな好き。

B: Any more of 'ose (those) quéstions?
A: Nópe, 'áts it (that's it).

B：他にまだ質問はある？
A：いいや、もう終わり。

### *COFFEE BREAK*

アメリカ人同士がごく自然に会話するとき、いちいち丁寧に"them"とか"him"とは発音せず、"them"を「エム」、"him"を「イム」のように発音する場合が多い。"I like him."の場合「アイライキム」、"I like them."の場合、「アイライケム」となる。「キ」と「ケ」の違いなので戸惑うかもしれないけれど、内容をよく聞いて判断しよう。また、Tが変化するどころか、まったく消え失せてしまう場合も多々ある。例えば、INTERNÁTIONAL（イナーナショナル）、WÍNTER（ウィナー）、CÉNTER（セナー）、RÉNTAL（レノー）、TORÓNTO（カナダの都市「トラーノー」）、CONTINÉNTAL（2ヵ所のTがドロンして"カンーネノー"）などなど。

Steve: Let's go sée 'em!
Hiro: "Take me óut to the bállgame... ♪"

スティーブ：見に行かない？
ヒロ：野球を見に行こう！

135

# ハイディの法則 55

# 親ガメ子ガメ

**ミニダイアローグ**

A : What tíme is it?
B : Almost mídnight.
A : Alréady?

訳:A:今何時?
　B:もうすぐ深夜だよ。
　A:え?もう!?

**POINT**

what time (ホワット　タイム) ⇦ 学校英語
part two (パート　トゥ)

▼

「ワッタイム」
「パートゥ」　← ネイティブ

さぁ、言ってみよう!

1.「ワッタ・ワッタ・ワッタ」
2.「ワッタイム・ワッタイム・ワッタイム」
3.「ワッタイム is it?」⇨ 60回エクササイズしよう!

「パートゥ…」

**ミニストーリー「ヒロ君の冒険」**

Steve: Dámn, this tráffic!
Hiro: Wha'time does the gáme stárt?
　　　(ワッタイム)

スティーブ:まいったなー、この渋滞!
ヒロ:試合は何時から?

## FOLLOW-UP DIALOG

# STAR WARS-Part Twó (スターウォーズ　パート2)

A: Did you see Stár Wárs?
B: Yéah, I cán't wait for part twó.
　　　　　　　　　　　　（パートゥ）

A:「スターウォーズ」見た?
B:うん。早く「パート2」が見たい!

A: What time does the shów start?
　　（ワッタイム）
B: I think it stárts at tén.
　　　　　　　　（アッテン）

A:何時開演か知ってる?
B:10時だと思うよ。

### COFFEE BREAK

「♪親ガメの上に子ガメを乗せて〜♪」の感じで、"T"が重なったら一体化することがわかったかな? マンガ内の"at ten"も「アットテン」ではなくて、「アッテン」と発音しよう! 渋滞などに巻き込まれたときによく使う表現だけれど、"I'm in a big hurry.", "Let's step on it!"ときたら、「急いでるので、もっとスピード出してよ!」という意味だ。「渋滞に巻き込まれたわ」"I got caught in a heavy traffic jam!"。「ノロノロ運転」は "It was a bumper to bumper drive all the way to the office."

Lynn: Éight I think. Wha' time is it nów?
　　　　　　　　　　　　　　　（ワッタイム）
Steve: Only séven. Thát's OK, wé'll make it.

リン:たぶん8時よ。今何時?
スティーブ:まだ7時だ。大丈夫、間に合うよ。

# ハイディの法則 56

# -cally

## ミニダイアローグ

A : Are you almost dóne?
B : Yeah, I'm práctically dóne.

訳:A:もうすぐ終る?
　B:うん、ほとんど終り。

## POINT

-cally（カリー） ⇨ 学校英語

▼

「クリー」 ← ネイティブ

さぁ、言ってみよう!

1.「カリカリカリカリカリカリカリ」
2.「クリクリクリクリクリクリクリ」
3.「practiクリー」⇨ 60回エクササイズしよう!

## ミニストーリー「ヒロ君の冒険」

Lynn: Héy gúys, I really gotta pée.
Steve: We're práctically thére.
　　　　　　　　(クリー)

リン:ねぇ、ちょっとトイレに行きたいわ。
スティーブ:もう少しで着くんだけどな。

# FOLLOW-UP DIALOG

## I'M DÉAD BÉAT (もうクタクタ！)

A: Are you tíred?
B: Yés, phýsically I'm déad béat.
(クリー)

A: 疲れた？
B: 体はもうクタクタだよ。

A: Then lét's call it a dáy.
B: Wéll, then, lét's méet here tomórrow at the same tíme.

A: じゃあ、もう終りにしよう。
B: じゃあ、また明日同じ時間に！

### COFFEE BREAK

このメソッドは、あえて「カリカリ」しないようにという意味で誕生した法則です。どうしてもほとんどの人が「ポリティカリー」「エコノミカリー」とカリカリ言うので、非常に煩わしい。そこで、「カリカリ」を「クリクリ」言うようにすればネイティブにぐっと近づくってわけだ！ 練習してみよう。
politically, economically, physically, theoretically, biologically, ecologically, historically, などなど。
「もうクタクタ」というと "I'm dead beat." "I'm dead tired."
"The battery is dead." というと「バッテリーがあがってしまった」という意味。ついでに "a dead-end street" と言ったら「袋小路」のことだ。

Hiro: Can yóu hold it?
Lynn: I'll dó my best.
ヒロ：ガマンできるかい？
リン：なんとか頑張るわ。

# ハイディの法則 57

# バカだ

## ミニダイアローグ

A : Where do I pút thís?
B : Put it in the báck of the cár pléase.

訳:A:これどこに置けばいい?
　　B:車の後部に置いといてくれる?

## POINT

back of the (バック　オブ　ザ) ⇦ 学校英語

▼ リエゾン!

「バカダ」 ← ネイティブ

さぁ、言ってみよう!

1.「バカだ、バカだ、バカだ、バカだ」
2.「バカダcar」⇨ 60回エクササイズしよう!

## ミニストーリー「ヒロ君の冒険」

Hiro: Let's go in hére.
Stranger: Héy, go to the báck of the line yóus!
　　　　　　　　(ゴルダ)　　(バカダ)
(plural "you" : N.Y.slang)

ヒロ:ここから入ろうぜ。
人:おい、お前ら、列に並べよ。

140

## FOLLOW-UP DIALOG

# IN THE THÉATER（映画館にて）

A: Tickets for 2 please.
B: Héy, go to the báck of the line, búd!
（バカダ）

A：2枚お願いします。
B：おい！お前ら後ろに並べよ！

A: Héy, they've got shrímp flavored pópcorn!
C: Sórry, thát's at the bottom of the líst for me.

A：お！エビ風味のポップコーン。
C：悪いけど全然惹かれないなぁ。

A: There's nó séats.
B: Wáit, I see two in the báck of the theater.
（バカダ）

A：もう席がないよ！
B：ちょっと待ってよ、後ろの方に2席あいてる！

## COFFEE BREAK

ネイティブが"back of the"をごく自然に発音すると「バカダ」になる。さぁ、君も照れずに「バカダバカだ！」と繰り返してみよう！ただし、くれぐれも車内や物騒な所では言わないように！なぜ「バカだ」になるかというと、"of"が「ア」に変身し、"back"の"k"と合体して「カ」になるというわけだ。つまり、"one of"は「ワナ」、"some of"は「サマ」、"none of"は「ナナ」、"cup of"は「カパ」というふうに変化する。次ページを見て練習してみよう！

Lynn: So sórry, we dídn't knów.

Hiro: Yéah, me no speak Énglish.
（正しくは I can't speak English. です。）

リン：あ、すみません、気づかなくて。
ヒロ：うん、私、英語、話せない。

## ハイディの法則 ⑰

# 「バカだ」練習編

注:最後の「だ」は当然 "th" で発音すること!

| 1 | at the síde of the | (サイラだ) |
| --- | --- | --- |
| 2 | in frónt of the | (インフラナだ) |
| 3 | óut of the | (アーラだ) |
| 4 | sóme of the | (サマだ) |
| 5 | a párt of the | (アパーラだ) |
| 6 | nóne of the | (ナナだ) |
| 7 | móst of the | (モースタだ) |
| 8 | the énd of the | (ディエンダだ) |
| 9 | tóp of the | (タパだ) |
| 10 | édge of the | (エジャだ) |
| 11 | kínd of | (カイナ) |
| 12 | sórt of | (ソーロブ) もしくは (ソーラブ) |
| 13 | bít of | (ビロブ) もしくは (ビラブ) |

# 上級編

A: Where can I get a béer in this place?
A: ビールは、どこにおいてあります?

B: Go to the énd of the hall. Ópen the door,
and clímb to the tóp of the stáirs.
Wálk to the síde of the lánding and
ópen the dóor leading to the tóp of the búilding.
At the édge of the róof,
you'll find a vénding máchine.
B: この廊下のつきあたりまで行ったらドアを開け、
階段の一番上までのぼったら踊り場の横を歩いて、
そこにあるドアを開けてビルの屋上まで行ってください。
屋上の隅に自動販売機が置かれています。

A: Thánks.
B: Dón't méntion it.
A: ありがとう。
B: いいえ。

A: "Í won't."
A: 言いませんよ。

※このダイアローグの最後のAさんのセリフは"I won't." 「～をしません」と締めくくられている。"Don't mention it." というのは、ふつう「どういたしまして」の意味に使われているが、この表現は、文字通りには「口外しないでください」という意味。そこで"I won't." と言葉を返すのがオチになっているわけだ。キミ、気づいてくれたかな。

# ハイディの法則 ❺⓼

# スイスイ

## ミニダイアローグ

A : I'd like to sée you agáin.
B : Mé tóo.

訳:A:またお会いしたいです。
　　B:私も。

## POINT

see（シー） ⇦ 学校英語

▼

「スィー」 ← ネイティブ

さぁ、言ってみよう！

1.「スイスイスイスイスイスイスイスイ 」
2.「スィー、スィー、スィー、スィー 」
3.「I'd like toスィーyou again.」⇨ 60回エクササイズしよう！

## ミニストーリー「ヒロ君の冒険」

Steve: Hére's our séats.
　　　　　　　　 (スィーツ)
Lynn: I cán't see a thing.
　　　　　　　(スィー)
Hiro: Hére, sit on my shóulders.

スティーブ:席、見つかった！
リン:前が見えないわ。
ヒロ:ほら、ぼくの肩に乗れよ。

## FOLLOW-UP DIALOG
# LONG TIME NO SÉE(久しぶり!)

A: It was gréat to sée you.
（スィー）
B: Yéah, seems like yéars.

A: I wanna see you again sóon.
（スィー）
B: How about Friday?

A:あなたに会えてよかったです。
B:ええ、1年ぶりぐらいかしらね。

A:またぜひお会いしたいです。
B:金曜日はいかがですか？

A: I got to see my schedule.
（スィー）
B: Okay, let's wait and sée how it góes.
（スィー）

A:ちょっと予定を確認させてください。
B:そうですね。様子を見ましょう。

### *COFFEE BREAK*
僕が幼少の頃、お池にはメダカがスイスイ泳いでザリガニ、タニシ、ゲンゴロウ、フナ、ドジョウ、サワガニなんかが一杯いたのを思い出す。おっと、また脱線してしまったけれど、メダカがスイスイの場合、必ず「ス」と「イ」の間に「ウ」が秘められているはずだ。さぁ、英語の場合は「ウ」を省いて「スィー」と言ってみよう。完璧に "see" が言えたはずだ。ところで、雑学を一つ。「シーソー」知ってるよね？これは上下に上がったり下がったりするので「見る (see) 見た (saw)」となっているわけだ。

Lynn: That's gréat! Can you sée, Híro?
（スィー）
Hiro: Mphh...phhgh...nnhnph!
リン：わぁ！すごい！ヒロ、あなたは見える？
ヒロ：むー、うー、んー。

## ハイディの法則 59

# AND→AN→'N

**ミニダイアローグ**

A : Would you líke a cup of cóffee?
B : Yés, with cream'n súgar, pléase.

訳:A:コーヒーはいかがですか？
　　B:お願いします。砂糖とクリームも。

**POINT**

〜 and 〜 （アンド） ⇦ 学校英語

▼

「ン」 ← ネイティブ

舌を上歯茎の少し上につけて、口は「チーズ」の「チー」を言うときの形で、平らなまま「N」と発音する。

さぁ、言ってみよう！

1.「creamンsugar」⇨ 60回エクササイズしよう！

## ミニストーリー「ヒロ君の冒険」

Steve: Héy, up hére!
Vendor: What do you wánt?
　　　　　　（ワルユ）

スティーブ:おーい！ここ(上)だよ！
売り子:何がよろしいですか？

## FOLLOW-UP DIALOG

# PB 'n J (Peanut Butter and Jelly) (ピーナッツバターとゼリー)

A: Whát's for lúnch?
B: Bread 'n bútter.
　　　　　(ン)

A: Nó wáy! I want PB 'n J.
　　　　　　　　　　(ン)
B: Jélly's gone 'n the dóg ate
　　　　　　　(ン)
　the péanut bútter.

A：お昼はなに？
B：食パンにバターだよ。

A：えー！ピーナッツバターとゼリーがいい！！！
B：ゼリーはもうないし、犬がピーナッツバターを食べちゃったよ。

A: Í'm gonna crý!
B: How about me 'n you go out for lúnch?
　　　　　　　　(ン)

A：僕泣いちゃう!!
B：じゃあ2人で外に食べに行こうか。

### COFFEE BREAK

日本人が外国人と話しているとき、よく耳にするのは "Let's go to Shibuya and (アンド) drink (ドリンク)"。こりゃ超ダサ！たくさん練習しよう！

bread 'n butter / cup 'n saucer / up 'n down / black 'n white / boys 'n girls / ladies 'n gentlemen / Jack 'n Betty / salt 'n pepper / cut 'n dry / good 'n bad

Steve: 3 béers 'n a bág of péanuts.
　　　　　　　(ズン)
Vendor: Thát's eleven 'n a quárter. (=$11.25)

スティーブ：ビール3つにピーナッツ1袋。
売り子：11ドル25セントです。

## ハイディの法則 60

# 君!カゼ気味?
## Gimme a break!

**ミニダイアローグ**

A : Sórry, I have to give you a tícket.
B : Ófficer, give me a bréak, pretty pléase?

訳:A:悪いけどキップきるよ!
　 B:お願い! 見逃してくださいよ〜、おまわりさん!

**POINT**

give me（ギブ　ミー）⇦ 学校英語

▼

「gimme（ギミ）」 ← ネイティブ

さぁ、言ってみよう!

1.「君! 君! 君! 君!君! 」
2.「カゼ気味? カゼ気味? カゼ気味? 」
3.「ギミa break!」⇨ 60回エクササイズしよう!

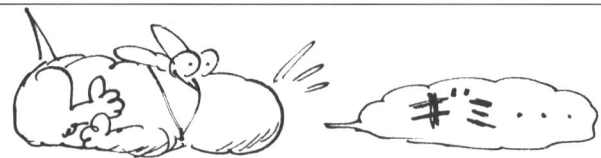

ギミ・・・

**ミニストーリー「ヒロ君の冒険」**

Hiro: Did you see thát cáll?
Lynn: Yéah, gímme a bréak!
　　　　　(ギミ)

ヒロ:今の判定見た? あれはセーフだろ!
リン:そうよ! ひどいんじゃない?

## FOLLOW-UP DIALOG

# GIMME A BRÉAK!（勘弁してよ！）

A: We got to gó!
B: Gímme a couple of mínutes.
　　（ギミ）

A: But we got no tíme!
B: Gímme a bréak!
　　（ギミ）

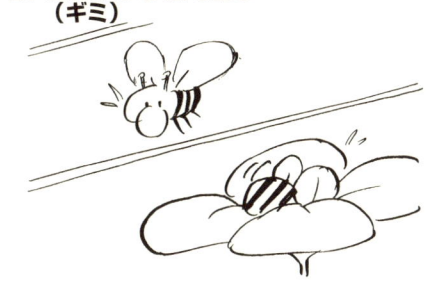

A:もう行こうよ！
B:数分待って！

A:でももう時間ないよ！
B:ちょっと待ってよ！

A: Gó fáster!
B: Well. Gimme a hánd.
　　　　　　（ギミ）

A:急いで！
B:じゃあ手かして！

### COFFEE BREAK

この法則は音声が同化して「ギブミー」が「ギミー」になったんだ。Let me see.も（レミ see）になる。アメリカでスピード違反などをして、警官に「見逃してください！」と言いたい場合はこれを使ってみよう。ただし、相手は警官なので敬意を表して"Officer, please gimme a break."とゴロにゃンしよう。けっしてけっして"cop"とか"fuzz"、"heat"のようなスラングを使ってはいけませんよ！ところで日本で警察官のことを「マッポ」というのを聞いたことがあるけれど、これはどうやら"Policeman"を裏返してできた言葉だって、君は知ってた？？？

---

**Steve:** "The Úmp (=Umpire) Béats his Wife."
スティーブ:アンパイヤーが奥さんをぶったたいた!!

※アメリカではフェアなプレーをしない場合に、観客が怒って審判に対してブーイングをする。そのヤジで「審判は奥さんをぶったたいてる！」と叫ぶんだ。
音楽会場などでは"We want more! We want more!"と両足そろえて、おねだりすることもある。

## ハイディの法則・特別編

# WORKSHOP 6

## NUMBERS (数字)

0　1　2　3　4　5　6　7　8　9　10

(CD参照)

## 12 MONTHS OF THE YEAR

1月　Jánuary　　　7月　Julý　　　　　(CD参照)
2月　Fébruary　　 8月　Áugust
3月　March　　　　9月　Septémber
4月　Ápril　　　　10月　Octóber
5月　May　　　　　11月　Novémber
6月　Júne　　　　 12月　Decémber

## ハイディの法則 ❻1

# REALLY

### ミニダイアローグ

A : Are yóu ókay?
B : I'm fíne, réally.

訳:A:あなた大丈夫?
　　B:大丈夫だよ、ほんとに。

### POINT

really（リアリー） ⇨ 学校英語

▼

# 「ゥリィァリー」 ← ネイティブ

小さく「ゥ」を入れると「R」が発音しやすいぞ!
※ このRの音は、日本語で説明するのは超キビシー!
なぜならば、一番最初の「ゥリ」は英語のRの音であるし、
最後の「リー」はラ行音の「リー」ではなく、英語のLの音だからキビシー——! CDを参照するしかない!

### さぁ、言ってみよう!

1.「re（ゥリ）、ly（リー）、re（ゥリ）、ly（リー）」
2.「ゥリリー、ゥリリー、ゥリリー」⇨60回エクササイズしよう!

### ミニストーリー「ヒロ君の冒険」

Hiro: Thát was really fún.
Lynn: Yéah, thánks Stéve, réally.

ヒロ:楽しかったね。
リン:ええ、スティーブありがとう、本当に。

## FOLLOW-UP DIALOG

# IT'S RÉALLY HOT (暑——い!!)

A: 'Mán, I'm really hót!
(ウリィァリー)
B: Really?

A: ちくしょー! 暑いぜ!
B: ほんとう?

A: Yéah, I réally wanna get
(ウリィァリー)
out of the city.
B: Réally?
Where do you wanna gó?

A: ああ、オレほんとにこの街を出たいんだよ!
B: ほんとう? どこに行きたいの?

A: Some place réally cóld.
(ウリィァリー)
B: Like Aláska?

A: どこか寒い所!
B: アラスカとか?

A: Thát's réally tóo fár!
(ウリィァリー)

A: それは遠すぎだろ!

### COFFEE BREAK
*日本語でも親しい人同士で会話するとき、「〜さ、〜さ」と最後につけるけど、米語でも高・大学生はよく文章の前とか後に "Man!" をつけるんだ。

Steve: My pléasure.
Hiro: So, what's néxt?
Steve: Let's párty!
スティーブ:とんでもない。
ヒロ:で、次は何?
スティーブ:パーティーだ!

# ハイディの法則 62

# THIS/THATは「さしすせそ」で

## ミニダイアローグ

A : Is thát ókay?
B : Thát's fíne.

訳:A:それでいいの?
　B:いいよ。

## POINT

this（ディス）／ that（ザット）　⇦　学校英語

▼

「ディス」「ダット」　← ネイティブ

日本語で説明するの限界—っ！CD参照！

さぁ、言ってみよう！

1.「さしすせそ・さしすせそ・さしすせそ 」
2.「ざじずぜぞ・ざじずぜぞ・ざじずぜぞ 」
3.（上の歯の後に舌先を押しつけて）
　「ざじずぜぞ・ざじずぜぞ・ざじずぜぞ」⇨ 60回エクササイズしよう！

## ミニストーリー「ヒロ君の冒険」

Steve: This is the bést club in tówn.
　　　（ディス）
Hiro: Thát sounds good.
　　　（ダット）

スティーブ:ここが今一番人気のクラブなんだ。
ヒロ:良さそうだね。

# FOLLOW-UP DIALOG

## THÍS ONE, THÁT ONE?（これ？ それともあれ？）

A: Can Í sée this wátch?
　　　　　　（ディス）
B: Thís silver one?
　（ディス）
A: Nó, that góld one.
　　　（ダット）

B: Thís one?
　（ディス）
A: Yes, tháťs it.
　　　（ダット）

A：この時計見せてください。
B：この銀のですか？
A：いや、その金のほうです。

B：これですか？
A：そう、それです。

A: How does this lóok?
B: That looks gréat.
　（ダット）

A：どうでしょうか？
B：よくお似合いですよ。

### *COFFEE BREAK*

日本人特有の発音だと「ジス イズ ア ペン」になるが、身近な日本語の音を活用すれば、なんてことないことがわかったかな？ とくに、THIS, THAT, THESE, THOSE, THEY, THEM, THEREは少々鼻声音を用いるとかっこよく発音できるんだ。お坊さんがお経を読んでいるシーンを想像して言ってみると、なんとなくコツがつかめると思う。ただ、これも程度問題で、あんまり大げさにやるとカントリーウェスタンの南部なまりになりかねないので、ほどほどに！

Lynn: Yéah, let's gét in there and bóogie!
Steve: Tháťs fíne with mé.
　　　　　（ダット）

リン：ええ、早く入って踊りましょうよ！
スティーブ：そうしよう！

## ハイディの法則 63

# ベンベン

### ミニダイアローグ

A : Have you ever been to the Státes?
B : Yés, I háve.

訳:A:君、アメリカに行ったことある？
　　B:うん、あるよ。

### POINT

been（ビーン） ◁ 学校英語

▼

「ベン」 ◀ ネイティブ

さぁ、言ってみよう！

1.「ベンベンベンベンベンベンベン」
2.「I've ベン、you've ベン、we've ベン」⇨60回エクササイズしよう！

### ミニストーリー「ヒロ君の冒険」

Hiro: Where've you béen?
　　　　　　　　（ベン）

Lynn: I've béen dáncing with thát Itálian gúy!
　　　　　（ベン）

ヒロ:どこに行ってたの？
リン:あのイタリア人(男)と踊ってきたのよ。

## FOLLOW-UP DIALOG

# WHERE'VE YOU BÉEN?（どこ行ってたの？）

A: Where wére you? I've been wáiting foréver!
(ベン)
B: Líar, you've been here only one mínute. I saw you walk ín.
(ベン)

A：どこにいたのよ！ずっと待ってたのに！
B：うそつき！1分しか待ってないくせに！歩いてくるの見てたよ！

A: Téll me where yóu've béen tonight.
(ベン)
B: I've been at wórk láte. Hónestly!
(ベン)

### COFFEE BREAK

中学・高校で習った発音でいくと、どうしても "I've" のときの下唇の噛み方があまりにも極端なので、VからBに行くのが九州から北海道までの距離並に匹敵して会話がスムーズにいかないし超ダサ！そこで、下唇の湿り気がある個所を上の歯で軽く噛んで上下の唇を閉じ「been（ベン）」と発音すれば容易に出来るはずだ！「ブベン」にならないように、というのがミソ。

I've been / You've been / We've been / they've been と練習してみよう！ところで、「ベン」は米語。イギリス英語では「ビーン」と異なっているので注意。

ミニストーリーの "cheating"。ここでは「浮気した」だけど、よく使うのは「ズルをする」。例えば学校で先生が "No cheating!"「カンニングするなよ」の意。

「浮気」は "flirt"、「不倫」はたとえば "He had an affair with her" と言います。

A：今晩どこに行ってたの？
B：遅くまで仕事してたんだよ！ほんとさ！

---

Hiro: You've been chéating on me alréady!
(ベン)

Lynn: Nó wáy! I've been tótally trúe to you!
(ベン)

ヒロ：君、もう浮気してるの？
リン：まさか！あなたにウソついてることなんてないわよ！

## ハイディの法則 ❻❹

# ひょっとこ
## 落とし穴

### ミニダイアローグ

A : How long are you staying in Califórnia?
B : As long as póssible.

訳:A:カリフォルニアにどれぐらい滞在するの?
　 B:出来るだけ長くいるよ。

### POINT

how long（ハウロング） ⇦ 学校英語

▼

「ハーlong」 ← ネイティブ

さぁ、言ってみよう！　　　　　　　　※COFFEE BREAK参照

1.「ハーlong, ハーlong, ハーlong」⇨60回エクササイズしよう！

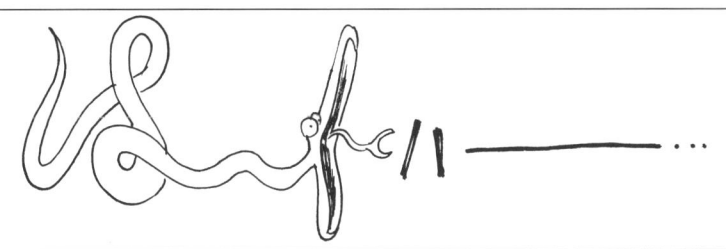

ハ―――…

### ミニストーリー「ヒロ君の冒険」

Steve: How long have you béen here, báby?
　　　 (ハーlong)
Girl: About an hóur.

スティーブ:どのくらい、ここにいたの、ベイビー?
女性:1時間ぐらい前かしら。

## FOLLOW-UP DIALOG

# HOW LONG HAVE YOU LÍVED HERE?(もうここに住んでどれくらい?)

A: How long were you living in Califórnia?
   (ハーlong)
B: I've líved thére about a yéar.

A:カリフォルニアにはどれぐらい住んでたの?
B:1年ぐらい住んでたよ。

A: How long are you planning to stáy here?
   (ハーlong)
B: As long as póssible.

A:ここにはどれぐらい滞在する予定なの?
B:出来るだけ長く。

### COFFEE BREAK

あまりにも一語一語に忠実すぎて、HOWのW「ウ」を強調しすぎる結果、唇がひょっとこになるので「R」の準備体勢に入ってしまう。結果として "How *wrong* are you staying in America?"(あなたがアメリカに住むというのはなんて間違っていることでしょう!)に聞こえかねない! Howのwは無視して「ハーlong」の調子で発音した方が無難だ。"How late" も対象に含まれる。

Steve: And how long are you stáying?
       (ハーlong)
Girl: I'm already góne!
スティーブ:で、あとどれぐらいいるの?
女性:もう行くわよ!

# ハイディの法則 65

# ウルウル

## ミニダイアローグ

A : I should've told her last night.
B : I would've told her if I were you.

訳:A:彼女に昨晩言っておけばよかった。
　　B:僕だったら彼女に伝えたよ。

## POINT

would have（ウッド　ハブ）◁ 学校英語

▼ リエゾン！

「ウルヴ」← ネイティブ

さぁ、言ってみよう！

1.「ウルウルウルウルウルウル 」
2.「ウルヴ、ウルヴ、ウルヴ、ウルヴ、ウルヴ」
3.「I ウルヴ told her.」⇨ 60回エクササイズしよう！

## ミニストーリー「ヒロ君の冒険」

Hiro: You strúck óut Stevie bóy!
Steve: Aw... I would've scóred, but she wásn't my týpe.
　　　　　　　（ウルブ）

ヒロ:スティーブ空振り三振！
スティーブ:うーん、言い負かされたけど、まぁ僕のタイプじゃなかったから。

# FOLLOW-UP DIALOG

## IN THE HÓSPITAL AFTER THE ÁCCIDENT（事故の後、病院で）

A: I was attácked by a béar!
B: You would've been ok
　　　（ウルブ）
　 if you climbed a trée.

A:クマに襲われたよ！
B:木に登れば無事だったのに。

A: You would've been eáten.
　　　（ウルブ）
B: What do you méan?

A:だったら食べられてるよ。
B:どういうこと？？？

A: I would've, but there was
　　（ウルブ）
　 no trée.
B: Then, I would've rún.
　　　　　（ウルブ）

A:そうしたかったけど、木がなかったんだ。
B:じゃあ、僕なら走るね。

A: Béars are fáster than mén.

A:クマは人間よりダントツ速いんだから。

## COFFEE BREAK

この法則は他に、"could've"（クルブ）、"should've"（シュルブ）、"might've"（マイルブ）にも使えるので、カッコよく発音してみよう！
君の友達を褒めちぎるときには次の表現を覚えておこう。"He is a swell guy."とか「彼はめっちゃんこイイ奴だよ」（"He is a heck of a nice guy!"）のように表現する。

---

Hiro: Thát's búll.
Steve: Álright, álright, so I'm a lóser!

ヒロ:負け惜しみじゃない。
スティーブ:わかったよ、どうせオレは負け犬だよ！

## ハイディの法則 ⓰

# monthsは「マンツ」で

### ミニダイアローグ

A : How long are you góing fór?
B : Just twó mónths.

訳:A:どれぐらい行っちゃうの?
　　B:たったの2ヵ月だよ。

### POINT

months（マンスズ）⇦ 学校英語

▼

「マンツ」← ネイティブ

さぁ、言ってみよう!

「マンツ、マンツ、マンツ、マンツ、マンツ 」⇨ 60回エクササイズしよう!

### ミニストーリー「ヒロ君の冒険」

Steve: So how many months
　　　　　　　　（マンツ）
　　　have you two knówn each other?
Hiro: Just a wéek.

スティーブ:ところで、君たちは知り合ってどれぐらいになるの?
ヒロ:まだ1週間ぐらいかな。

## FOLLOW-UP DIALOG

# LONG VACATION（長期休暇）

A: Fínally, súmmer's hére!
B: Yéah, we've wáited for mónths.
（マンツ）

A:やっと夏が来たね！
B:うん、何ヵ月も待ち望んだよね。

A: I'm going to Flórida!
B: For how lóng?

A:僕はフロリダに行くんだ！
B:どれぐらい？

A: Twó mónths.
（マンツ）
B: Cóol!

A:2ヵ月だよ。
B:いいなぁ！

A: Yéah, see you in a couple of mónths.
（マンツ）

A:おう！じゃ、数ヵ月後に！

## COFFEE BREAK

よく"2 months"を複数形のboys, cars, chairs等の延長で「マンスズ」と発音する人がいるけれど、これは間違い！「たちつてと」の「つ」に近い音を出して「マンツ」と発音しよう。他には"I take two baths every day."（日に2回風呂に入る）の「バーツ」、なんかありますね！

Steve: Was it 'lóve at first síght'?
Lynn: More like, 'Lóve at first fíre alárm.'
スティーブ:一目惚れってやつね？
リン:と言うよりは、一火災警報機惚れっていうのかしら。

163

# ハイディの法則 67

# あらエッサッサ〜

## ミニダイアローグ

A : We ought to go hóme.
B : Alréady? It's still eárly!

訳:A:私たちもう帰らなきゃ。
　　B:もう？ まだ早いのに！

## POINT

ought to（オウト　トゥー）⇦ 学校英語

▼ リエゾン！

「アラ」← ネイティブ

さぁ、言ってみよう！

1.「あらエッサッサ〜、あらエッサッサ〜、あらエッサッサ〜」
2.「あら、あら、あら、あら、あら、あら」
3.「Weアラgo home.」⇨ 60回エクササイズしよう！

## ミニストーリー「ヒロ君の冒険」

Steve: He's drúnk.
Lynn: Me tóo!

スティーブ:酔っぱらってるな。
リン:私もよ！

## FOLLOW-UP DIALOG

# WE OUGHT TO GÓ（私達もう行かなきゃ！）

A: We ought to go hóme.
　　　(アラ)
B: I wanna stáy!

A:もう帰ろうよ。
B:まだ帰りたくない！

A: At léast you ought to call hóme.
　　　　　　　　(アラ)
B: What áre you, my móm?

A:少なくとも家に電話しなきゃ。
B:キミ、何？僕のママ？

A: You ought to lísten to me.
　　　(アラ)
B: You ought to stop búgging me.
　　　(アラ)

A:僕の言うこと聞けよ。
B:イライラさせるなよ！

### COFFEE BREAK

この法則は"ought to"と"out of"に使えます。法則73「ゲラーラ」も合わせてチェックしてみよう！ 我輩の猫を誉めちぎった法則10を思い出していただこう。犬などに「棒っきれを取ってこい！」と命令して戻ってきたときに、ご主人様は「よーし！でかした！よくやった！」と誉めたたえてあげるよね？ 英語では、雄に対しては"That's the boy!"雌に対しては"That's the girl!" それがふつうではリエゾンとなって"Attaboy!"（アラボーイ！）"Attagirl!"（アラガール！）と発音される。野球選手、プロゴルファー、プロレスラー等にエールを送るときにも使うので、覚えておこう！

---

Steve: We ought to go hóme.
　　　　　(アラ)
Lynn: Yeah, we óught to.
　　　　　　(アラ)

スティーブ:そろそろ帰ろうか。
リン:そうね、そうしましょう。

## ハイディの法則❻❽

# アナーポー？

**ミニダイアローグ**

A : I'm sóoo húngry!
B : Hére, have an ápple.

訳：A：ちょ──お腹すいた！
　　B：はい、このリンゴ食べな。

**POINT**

an apple（アン　アップル）　⇦ 学校英語

▼

「アナーポー」 ← ネイティブ

さぁ、言ってみよう！

「アナーポー、アナーポー、アナーポー」⇨60回エクササイズしよう！

**ミニストーリー「ヒロ君の冒険」**

Hiro: I'm dýin'.
Lynn: You're just húng-over. Hére, eat an ápple.
　　　　　　　　　　　　　　　　　（アナーポー）
ヒロ：死にそうだ。
リン：ただの二日酔いよ。ほら、リンゴ食べたら？

## FOLLOW-UP DIALOG

# AN ÁPPLE A DÁY (一日一個のリンゴ)

A: I'm sóoo húngry!
B: Have an ápple.
　　（アナーポー）

A：お腹すいたよー！
B：リンゴたべなさい。

A: But I want some cándy!
B: "An apple a dáy keeps
　（アナーポー）
　the dóctor awáy."

A：でもキャンディーがいい!!
B：一日一個のリンゴは
　病気知らずっていうじゃない。

### COFFEE BREAK

これまた一語一語発音するので、非常にぎこちなく、またエネルギーを消耗する場合が多い。ネイティブは冠詞が出てきたら、一つの単語として発音するのが常識で、"This is an apple."は「This isアナーポー」、"This is an island"は「This isアナイランd」、"This is an orange"は「This isアノーレンジ」のように発音している。例えば、常に切り離して「アンアン」言ってると、"He is an American."と発音した場合、誤解される危険性がある。「アン」というと"un"、つまり「彼は非アメリカ的だ」と捉えられるからだ。スムーズにつなげて「He'sアナメリカン」と言ってみよう！

Hiro: Nó, nó more.
Lynn: Hére, eat anóther.
ヒロ：いや、けっこう。
リン：ほら、もう一つどう？

# ハイディの法則 ❻❾

# 20,30はリエゾンで！

**ミニダイアローグ**

A : Can you make it $20.00?
B : Náh, $30.00.

訳:A:20ドルにまけてくれない？
　　B:だめだね、30ドル！

**POINT**

twenty（トゥウェンティー）／thirty（サーティー） ◁ 学校英語

▼ リエゾン！

「トゥエニー」「thirリー」 ◀ ネイティブ

さぁ、言ってみよう！

- 20「トゥエニー」
- 30「thirリー」
- 40「fourリー」
- 50（変化なし）
- 60（変化なし）
- 70「séveニー」
- 80「エイリー」
- 90「ナイリー」

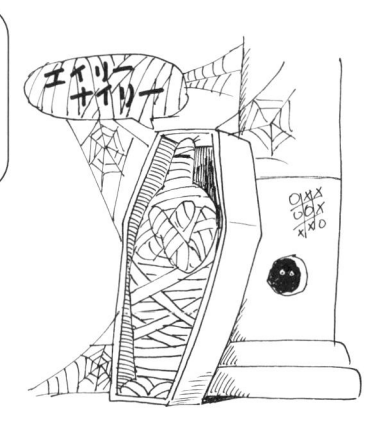

**ミニストーリー「ヒロ君の冒険」**

Lynn: Híro, wake úp!
Hiro: Let me sléep another fórty mínutes.
　　　　　　　　　　　(fourリー)

リン:ヒロ、起きて！
ヒロ:もう40分寝かせてくれよー！

## FOLLOW-UP DIALOG

# HOW TO HÁGGLE（いかに値切るか！）

A: How múch is this?
B: Fórty búcks.
　　（リー）

A: Nó wáy! I'll give you twénty!
　　　　　　　　　　　　　（ニー）
B: That's róbbery!
　　My bést price's thirty-fíve.
　　　　　　　　　　（リー）

A：これ、いくら？
B：40ドル。

A：ばかな！20ドルにしてよ！
B：それはまけすぎだよ！35ドルが精一杯だよ。

A: Whát, do I look like Bill Gátes?
B: I got a wífe and twenty kíds,
　　thirty-fóur.
　　（リー）

A: Náh, I'm going hóme.
B: Ókay, ókay, thirty.
　　　　　　　　　（リー）

A：おれがビル・ゲイツに見えるかい？
B：僕には妻と20人の子供がいるんだ。34ドルでは？

A：じゃあ、もういいよ。
B：わかったわかった！30ドル！

---

### *COFFEE BREAK*

正式な英語では、学校で習ったとおり、「トゥエンティー」、「thirティー」でいいんだけど、日常会話の中ではリエゾンに慣れておこう！ただし、「50(fifty)」と「60(sixty)」は見ての通り"T"が二つの母音に挟まれていないので、リエゾンは発生しない。でも、ラスベガスのディーラーやオークションの競り師はいちいち「フィフティーワン、フィフティートゥー」と言うわけもなく、「50フィーリー」「60シーリー」と発音しているんだ。かといって、これを真似して「あなたのお父さんはいくつですか？」と聞かれて"My father isフィーリー."なんて言うと君の教養を疑われますよ！！！

---

Lynn: Nó wáy! You've got a méeting in thírty!
　　　　　　　　　　　　　　　　　　　（thirリー）

Hiro: Hólyców! I'll néver make it! The bús takes twénty!
　　　　　　　　　　　　　　　　　　　　　　　　　（トゥエニー）

リン：冗談でしょう！30分後にミーティングがあるのよ！
ヒロ：まじ！絶対無理だ！バスで20分もかかるのに！

# ハイディの法則 ⑩

# マラドーナ

## ミニダイアローグ

A : You look pále. What's the mátter?
B : She dúmped me.

訳：A：やつれてるみたいだけど、どうしたの？
　　B：あの子にフラれたんだ。

## POINT

matter（マター） ⇦ 学校英語

▼ リエゾン！

「マラー」 ← ネイティブ

さぁ、言ってみよう！

1.「マラドーナ、マラドーナ、マラドーナ」
2.「マラ、マラ、マラ、マラ、マラ」
3.「What's theマラー？」⇨ 60回エクササイズしよう！

### ミニストーリー「ヒロ君の冒険」

The boss: Whát's the mátter with you? You look gréen.
　　　　　　　　　　　（マラー）

Hiro: I am getting márried!

社長：どうしたんだね？顔色が悪そうだけど。
ヒロ：結婚するんです。

※"he's green"は「青二才」"give the green light"は「ゴーサインを出す」

## FOLLOW-UP DIALOG

# WHAT'S THE MÁTTER?（どうしたの？）

A: What's the mátter with you?
B: I am thírty. （マラー）

A: Whát's the mátter with that?
B: I féel óld. （マラー）

A：どうしたんだい？
B：僕30歳なんだ。

A：それがどうした？
B：年だよ。

A: Age doesn't mátter. （マラー）

※アメリカ社会では、初対面、公の場では"OLD"は禁句である！年輩の方にたいしては"senior citizens"と呼ぶのが常識だ！

A：年は関係ないよ。

### COFFEE BREAK

"matter"もttが2つの母音に挟まれているのでリエゾンが成立する。これはあくまでもヒアリングに留めておいた方が無難です。

bétter（バラー）　látter（laラー）
létter（レラー）　bítter（ビラー）
láter（レイラー）　swéeter（スウィーラー）
bútter（バラー）　skáter（スケイラー）

注：最後の「ラー」は"-er"の音なので、CDをよく聞いて練習しよう。

---

The boss: What's the mátter with thát?
Hiro: I célebrated tóo múch!

社長：それがどう関係あるんだね？
ヒロ：ちょっとお祝いしすぎました。

**ハイディの法則・特別編**

# WORKSHOP 7

## 英語の分類（英語にはレベルがあることを理解しておこう！）

| | |
|---|---|
| 1. Formal English | 皇族用語、政府間用語 |
| 2. Semi-formal English | 小説、ビジネス英語、さまざまな専門的用語 |
| 3. Informal English | われわれが日々使っている日常会話（良いスラングを含む） |
| 4. Street English | 友達同士でしゃべるカジュアルな英語 |
| 5. Vulgar English | 下品な英語（悪いスラングを含む） |

6. Ethnic Dialect English　民族英語

　- Ebonics/African American English（アフリカンアメリカン）
　 (ebony:亜熱帯に生息する黒檀。つまり黒を意味する。)

　- Spanglish/Spanish American English
　（スペイン系英語）

　- pidgin English/混成語
　（例えば、ハワイの人が現地語と英語をミックスしてしゃべる言葉）
　☆こう考えていくと、日本語もpidgin化しているのではないかな、と僕は思う。
　（ただし、6は、上品下品といった問題ではないということに注意！）

**※この本の中でとりあげられるレベルは
　主に3番のInformal Englishです！**

POP

# ハイディの法則 ⑪

# ゲラーラ

## ミニダイアローグ

A : This súcks, let's get óut of here!
B : Good idéa!

訳:A:なんだよこれ! さっさと出ようぜ!
　　B:そうしよう!

## POINT

get out of（ゲット　アウト　オブ）⇦ 学校英語

▼ リエゾン!

「ゲラーラ」 ← ネイティブ

さぁ、言ってみよう!

1.「ゲラーラ、ゲラーラ、ゲラーラ 」
2.「Let'sゲラーラhere!」⇨60回エクササイズしよう!

## ミニストーリー「ヒロ君の冒険」

The boss: ÓK, everybódy! Listen úp!
Hiro is getting márried!

Co-workers: Wów!! Cóol mán! Nó wáy! Thát's gréat!

社長:皆さん、聞いてください。ヒロが結婚します!
従業員:ワオー! うっそー! まじでー! いいなぁー!

## FOLLOW-UP DIALOG

# ICE SKATING (アイススケート)

A: Héy! Get out of the wáy!
（ゲラーラ）
B: Reláx, don't get out of líne.
（ゲラーラ）

A: This is tóo hárd!
I wanna get óut of hére!
（ゲラーラ）
These skates are kílling
my féet and I wanna get out of
these wet clóthes!（ゲラーラ）

A：わぁー！どいてくれー！
B：落ち着いて。列から出ないで。

A：これはキツイ！もう帰りたーい！
足は痛いし、この濡れた服も脱ぎたいよぉー！

---

### *COFFEE BREAK*

この"get out of～"は法則67「あらエッサッサ～」風に「ゲラゲラ」と2,3回笑いでふっとばして「ゲラーラ」（下線部にアクセント）と言ってみよう。

よく若者同士で話題になるけど、首都圏からちょっと離れていると互いに冗談交じりで「君ってど田舎に住んでるんだね」と言ったり言われたり。アメリカでもこれまた同じ。丁寧な言い方から下品な言い方をちょっと勉強してみよう。

"He lives in the suburbs."（彼は郊外に住んでいる）または "He lives on the outskirts of the city." ← 丁寧な言い方。くだけた言い方は、"He lives out in the country." もっと砕けると "He lives out in the sticks." または "He lives out in the boondocks." "He lives in a remote area." といえば、「彼は僻地に住んでいる」という意味だ。

---

The boss: So what are you dóing hére?
　　　　　Go home to your gírlfriend. Get óut of hére!
（ゲラーラ）

社長：で、君はここで何をしているんだ！ 彼女の所に行ってあげなさい。行きなさい！

# ハイディの法則 ⑫

# ガッチャマン

**ミニダイアローグ**

A : Understánd?
B : Yéah, gótcha!

訳:A:わかった?
　 B:うん! 了解!

**POINT**

I got you（アイ　ゴット　ユー）⇦ 学校英語

▼ リエゾン!

「Gotcha!（ガッチャ!）」 ← ネイティブ

さぁ、言ってみよう!

1.「ガッチャマン、ガッチャマン、ガッチャマン 」
2.「Iガッチャ!」⇨ 60回エクササイズしよう!

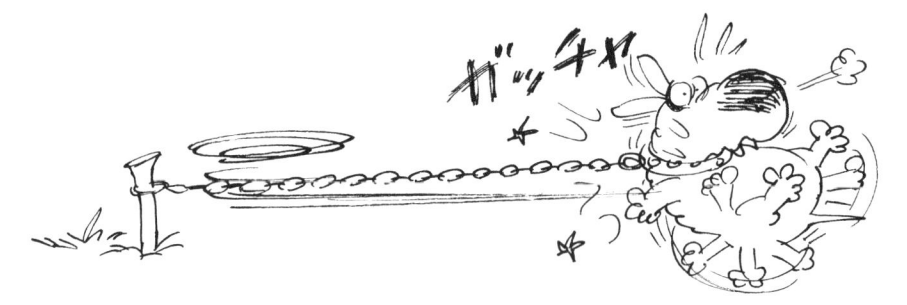

**ミニストーリー「ヒロ君の冒険」**

Hiro: I gótcha this.
　　　（ガッチャ）
Lynn: What is it?

ヒロ:これを君に。
リン:何これ?

# FOLLOW-UP DIALOG

## I GÓTCHA A PRÉSENT（君にプレゼント買ってきたよ）

A: I gótcha a présent!
　　（ガッチャ）
B: What did you gét me?

A:あなたにプレゼントがあるのよ。
B:何をくれるの？

A: Ópen it!
B: Óh bóy...

A:開けてみて!
B:ほう。

B: What the héck is it?
A: I gótcha an automatic
　　（ガッチャ）
　　tóoth brúsh!

B:一体これは何???
A:電動ハブラシよ!

B: Oh, gótcha. (=I understand.)
　　　（ガッチャ）

B:ああ、なるほどね。

## COFFEE BREAK

"gotcha" には二つの意味があり、一つは「～を購入してあげる」の意、もう一つは「了解」という意味なんだ。また、ときには戦争ごっこをしていて標的に弾が当たった場合、「捕らえた!」とか「当たり!」という意味でも使われる。
アメリカの映画を観てると、上司または上官に対して「お言葉を返すようですが」という表現＝"With all due respect, sir." がよく使われている。

Hiro: Gúess.

Lynn: Oh, it's a ríng! How béautiful!

ヒロ:当ててごらん。
リン:まぁ! 指輪! なんてキレイなの!

## ハイディの法則 ⑬

# ワンワン

**ミニダイアローグ**

A : Where do you wanna gó?
B : I wanna go to the béach.

訳：A：どこに行きたい？
　　B：海に行きたいわ。

**POINT**

where do you（ウェア　ドゥ　ユー）◁ 学校英語

▼ リエゾン！

「ホェールユ」◀ ネイティブ

さぁ、言ってみよう！

1.「犬がホエル、犬がホエル、犬がホエル」
2.「ホエルユ、ホエルユ、ホエルユ」
3.「ホェールユ wanna go?」⇨ 60回エクササイズしよう！

ホェールユ

**ミニストーリー「ヒロ君の冒険」**

Hiro: Lýnn, I wanna go sómewhere and get márried.
Lynn: Where do you wanna gó?
　　　（ホェールユ）

ヒロ：リン、どこかに行って結婚したいな。
リン：どこに行きたいの？

## FOLLOW-UP DIALOG

# WHERE DO YOU WANNA SÚRF? (どこで波に乗る?)

A: Where do you wanna gó?
　　(ホェールユ)
B: Í don't cáre.
　　Where do yóu wanna go?
　　(ホェールユ)

A: どこに行く?
B: なんでもいいけど、どこがいい?

A: I think Nórth Shóre is the bést.
B: Ókay, let's take the bús.

A: ノースショアが一番いいんじゃない?
B: オッケー。じゃ、バスに乗ろう。

A: How about súrfing?
B: Ókay, where do you find the
　　　　　　(ホェールユ)
　　bést wáves?

A: サーフィンなんかどう?
B: いいね、どこの波が一番いいのか知ってる?

A: Where do we get the bús?
　　(ホェールウィ)
B: On the corner of Márket
　　and Kíng St.

A: どこでバスに乗るんだろう?
B: キングストリートとマーケットの角だよ。

## COFFEE BREAK

日本で犬が吠えると「ワンワン」と聞こえるらしいけど、アメリカでは "bow wow!" とか "ruf ruf!" と聞こえるんだ。ついでに猫は "miaow miaow" とか "mew mew"、ニワトリは "cock a doodle doo"、牛は "moo"、カエルは "ribbit, ribbit!"、小鳥は "tweet, tweet!"、ブタは "oink, oink"、アヒルは "quack, quack"、カッコウは "cuckoo"、馬は "whinny" などなど。動物の鳴き方の表現も違うので、覚えておこう! おっと! また大幅に脱線してしまった今日この頃のハイディです (笑)。

Hiro: How about Hawáii?

Lynn: Réally? That'd be gréat!

ヒロ: ハワイはどうかな?
リン: 本当? ステキじゃない!

## ハイディの法則 ⓴

# サンマだ!ブリだ!カツオだー!

**ミニダイアローグ**

A : Please give me some of the sálad.
B : Hére you áre.

訳:A:サラダを少し下さい。
　 B:どうぞ。

**POINT**

some of the(サム　オブ　ザ) ⇦ 学校英語

▼ リエゾン!

「サマダ」 ← ネイティブ

さぁ、言ってみよう!

1.「サンマだ! ブリだ! カツオだー!」
2.「サマダ、サマダ、サマダ、サマダ 」
3.「サマダsalad」⇨ 60回エクササイズしよう!

**ミニストーリー「ヒロ君の冒険」**

Hiro: I cán't believe we're really dóing this!
Lynn: Sóme of the tíme I think it's a dréam.
　　　(サマダ)

ヒロ:僕たち本当に、実行しちゃったね。
リン:ときどき夢じゃないかと思うわ。

# FOLLOW-UP DIALOG

## SOME OF THE MUSIC IS GRÉAT (何曲かは最高だね)

A: Do you lísten to Japanese Pop músic?
B: Sóme of the time.（サマダ）

A：日本のポップミュージック聞く？
B：ときどきね。

A: Do you like Ráp músic?
B: Some of the bands are（サマダ） pretty good.

A：ラップは好き？
B：たまにいいグループはいるね。

A: I wanna héar some of the（サマダ） new Áfrican músic.
B: I've héard it's gréat.

A：僕はアフリカの音楽が聞きたいなぁ。
B：いいらしいね。

A: Some of the girls in my（サマダ） óffice lóve it!

A：会社の一部の女性がすごく好きでね。

## COFFEE BREAK

あー！えーらいこっちゃー！えらいこちゃー！大漁だー！サンマだー！ブリだー！カツオだー！ でも、注意！「だ」はくれぐれも"the"なので忘れずに！ここで"duty"の話をひとつ。"I'm on duty."といえば「勤務時間中」「当番」、「非番の」の場合は"off duty"だ。「今日は当番です」といいたい場合は"I'm on duty today."という具合に。"He died in the line of duty."といえば「彼は殉職した」という意味。最後に"duty free shop"といえば「免税店」だ。

Hiro: My dréams are néver this góod.
Lynn: Thís is a dréam come trúe!

ヒロ：僕の夢はこんなにいいものじゃないよ。
リン：夢が本当に叶ったのね！

# ハイディの法則 ⑮

# お口を開けて「アーン!」

**ミニダイアローグ**

（病院で）
A : The dóctor is réady to sée you.
B : Thánk you.

訳:A:準備ができましたので、どうぞ。
　　B:どうも。

**POINT**

John（ジョン）／ Bob（ボブ）⇦ 学校英語

▼

「ジャーン」「バーブ」← ネイティブ
（下線部にアクセントを置くこと!）

さぁ、言ってみよう!

1.「アーン、アーン、アーン、アーン 」
2.「ジャーン、バーブ 」⇨ 60回エクササイズしよう!

**ミニストーリー「ヒロ君の冒険」**

Hiro: Óh nó! We're lóst!
Lynn: Check the máp.

ヒロ:しまった! 迷ったらしい!
リン:地図を見ましょう。

※ "We lost!"は「負けた」、"We are lost."は「迷子になる」という意味。

## FOLLOW-UP DIALOG
# OPEN AND SAY AaHHHHHHH!!!(お口を開けて、アーン)

A: Hí, my name is Jóhn.
　　　　　　　　　　(ア)
　I'm your dóctor.
　　　　　　(ア)
B: I'm Jénnifer.

A:こんにちは、僕はJohnです。
　あなたの先生です。
B:私はJenniferです。

A: Ópen your móuth and say "Áahh."
B: "Áhhhh…"

A:口を開けて「アーン」と言って。
B:「アーーーン」

A: Oh, you had ólives for lúnch?
B: Yéah, on my sálad.
　 How did you ´know?

A:ランチにオリーブ食べました?
B:はい、サラダにのってました。
　どうしてわかったんですか?

A: There's ólives on your bréath.

A:息がオリーブのにおいです。

---

### COFFEE BREAK

John, Bob, box, mop, top, doctor, locker, cock, pot, rot, lot, olives, orange, oxなどなど。"O"が入っている単語を日本人はどうしてもローマ字っぽく読むので「ジョン」、「ボブ」、「ボックス」、「モップ」のように発音してしまう。とくに気をつけなければいけないのは、男性のJohnを「ジョン」と呼ぶと、女性のJoanに値するので失礼な場合もある。そこで、「ジョン」ではなくて、天井を向いてちょっと奥行き深い「アーン」という音を出しながら「ジャーン」と言ってみよう。

---

Hiro: Wáit. Thére it ís!
Lynn: At lást. I'm so háppy!

ヒロ:待って!あれだ!
リン:よかった!とても幸せだわ!

## ハイディの法則 ⓰

# 地震の余波?"N"

**ミニダイアローグ**

A : Can I ásk you a quéstion?
B : Súre, what is it?

訳:A:質問してもいいですか?
　　B:どうぞ、なんですか?

**POINT**

question(クエスチョン)／John(ジョン) ⇦ 学校英語

▼ リエゾン!

最後の"n"に余韻を残して。　◀ ネイティブ
(CD参照)

さぁ、言ってみよう!

1. John　(ジャーン)
2. question (クエスチュン)
3. Japan　(ジャペァーン) ⇨ 60回エクササイズしよう!
最後の"n"の余韻を忘れずに

**ミニストーリー「ヒロ君の冒険」**

Priest: Do yóu, Lýnn, take Híro to be your húsband?
Lynn: Í dó.
牧師:リン、あなたはヒロを夫として迎えますか?
リン:はい。

## FOLLOW-UP DIALOG

# COLLEGE LÉCTURE（大学の授業にて）

A: So, thát's the history of Japán.
B: I have a quéstion!

A: Yés, Jóhn...
B: What does Jápan méan?

A：以上、日本の歴史でした。
B：質問があります！

A：はい、John君。
B：「日本」ってどういう意味 ですか？

A: Japán, or Nihón in Japanése, méans "lánd of the sún."

A：「日本」とは「太陽の国」という意味ですよ。

### COFFEE BREAK

日本語にはない音なので、どうしてもNを「ン」と発音する場合が多いがために尻切れトンボになることが多い。せっかく英語を流暢に話していたのに「ジャーン」とか「クエスチョン」のように、Nで終わる単語を「ン」でまずく処理してしまうんだ。必ず舌を上の歯茎の裏にしっかりつけて、空気を鼻から出すような感じで締めくくろう。

Priest: Do yóu, Híro, take Lýnn to be your wífe?
Hiro: Í dó.
Priest: I nów pronounce you mán and wífe.

牧師：ヒロ、あなたはリンを妻として迎えますか？
ヒロ：はい。
牧師：夫婦であることを申しわたします。

# ハイディの法則 ⑰

# 路肩？ユカタ？ルッカッタ！

## ミニダイアローグ

A : Look at thát gúy gó!
B : Wów! He's tótally mý týpe!

訳：A：あの男の人見て！
　　B：わー！完璧に私のタイプだわ！

## POINT

look at the（ルック　アット　ザ）⇦ 学校英語

▼ リエゾン！

「ルッカッタ」◀ ネイティブ

さぁ、言ってみよう！

1.「路肩・ユカタ・ルッカッタ、路肩・ユカタ・ルッカッタ」
2.「ルッカッタ guy!」⇨ 60回エクササイズしよう！

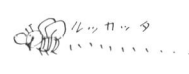

## ミニストーリー「ヒロ君の冒険」

Lynn: Look at thát súnset!
　　　（ルッカッタ）

Hiro: It's tóo béautiful!

リン：夕日を見て！
ヒロ：キレイすぎるな。

## FOLLOW-UP DIALOG

## LOOK AT THÁT（あれ見て！）

A: Look at thát!
　（ルッカッタ）
B: Look at what?
　（ルッカッ）

A: Look at that gúy rún!
　（ルッカッタ）
B: Which gúy?

A：見て！
B：何なに？？

A：あの走ってる男の人！
B：どっちの人？？？

A: The gúy with the chícken on his héad!
B: Óh, thát gúy.

A：チキンを頭に乗せてる方よ！
B：あ、そっちね。

### COFFEE BREAK

これも一語一語発音するのではなく、単語がリンクされて発音される。上のマンガの中で出てくる"guy"は主に男性に向けて呼びかけるときに使われるが、男女入り混じっているグループに対して"How are you doin' guys?"と問いかける場合もあるので、別に不自然なことではない。
ハイディの法則を忠実にまっとうして、英語の達人に一歩ずつ近づこう！！！

Lynn: This is the háppiest dáy of my life.
Hiro: Mé tóo!

リン：人生で一番幸せな日だわ！
ヒロ：僕もだよ！

## 「え」段の法則に適用する単語はこんなにあります

| | | |
|---|---|---|
| Accident（アクシデント） | → | アクセデン |
| Activity（アクティビティ） | → | アクテぺティ |
| America（アメリカ） | → | アメREカ |
| Animal（アニマル） | → | アネモー |
| Ability（アビリティ） | → | アベLEティ |
| Artist（アーティスト） | → | アーテェスト |
| Assistant（アシスタント） | → | アセスタン |
| | | |
| Begin（ビギン） | → | ベゲン |
| Business（ビジネス） | → | ベゼネス |
| British（ブリティッシュ） | → | ブREティッシュ |
| Basil（バジル） | → | ベーゾー |
| Building（ビルディング） | → | ベLディング |
| Biscuit（ビスケット） | → | ベスケット |
| | | |
| Champion（チャンピオン） | → | チャンペオン |
| Charity（チャリティ） | → | チャREティ |
| Crisp（クリスプ） | → | クREスプ |
| Condition（コンディション） | → | コンデェション |
| Communication（コミュニケーション） | → | コミュネケーション |
| | | |
| Delicate（デリケート） | → | デLEケッ |
| Deliver（デリバー） | → | デLEバー |
| Dictionary（ディクショナリー） | → | デクショネアリー |
| Different（ディファレント） | → | デェファレン |
| Dinner（ディナー） | → | デナー |
| Discussion（ディスカッション） | → | デェスカッション |
| Drip（ドリップ） | → | ドREップ |
| | | |
| Examination（イグザミネーション） | → | エグザメネーション |
| Expensive（エクスペンシブ） | → | エクスペンセブ |
| Experience（エクスペリエンス） | → | エクスペREエンス |
| | | |
| Family（ファミリー） | → | ファメリー |
| Favorite（フェバリット） | → | フェイボREッ |
| Festival（フェスティバル） | → | フェステボー |
| Feminine（フェミニン） | → | フェメネン |
| Film（フィルム） | → | フェLム |
| Finger（フィンガー） | → | フェンガー |

| | | |
|---|---|---|
| Gift（ギフト） | → | ゲフ |
| Give（ギブ） | → | ゲブ |
| Gymnastic（ジムナスティック） | → | ジムナステック |
| | | |
| History（ヒストリー） | → | ヘストリー |
| Holiday（ホリデー） | → | ハLEデー |
| Hospital（ホスピタル） | → | ハスペロー |
| Happening（ハプニング） | → | ハプネング |
| Hip hop（ヒップホップ） | → | ヘップハップ |
| Hamilton（ハミルトン） | → | ハメLトン |
| | | |
| Identity（アイデンティティ） | → | アイデンテェティ |
| International（インターナショナル） | → | エナーナショノー |
| Impact（インパクト） | → | エンパクト |
| Impossible（インポッシブル） | → | インパッセボー |
| Intelligent（インテリジェント） | → | インテLEジェン |
| | | |
| Journalist（ジャーナリスト） | → | ジャーナLEス |
| | | |
| Kilometer（キロメーター） | → | ケLAメター |
| Kiss（キス） | → | ケス |
| Kitchen（キッチン） | → | ケッチン |
| Kingdom（キングダム） | → | ケングダム |
| | | |
| Liquid（リキッド） | → | LEクウェッド |
| Lollipop（ロリポップ） | → | ラLEパップ |
| | | |
| Magazine（マガジン） | → | マガズィーン |
| Medicine（メディシン） | → | メデェセン |
| Millennium（ミレニアム） | → | メレネアム |
| Middle（ミドル） | ・ | メロ |
| Minute（ミニッツ） | → | メネッ |
| | | |
| Negative（ネガティブ） | → | ネガテブ |
| Native（ネイティブ） | → | ネイテブ |
| Navigator（ナビゲーター） | → | ナベゲーター |
| Notice（ノーティス） | → | ノーテス |

| | | |
|---|---|---|
| Office(オフィス) | → | オフェス |
| Oil(オイル) | → | オエL |
| Onion(オニオン) | → | アネオン |
| Opinion(オピニオン) | → | オペネオン |
| Organic(オーガニック) | → | オーギャネック |
| Original(オリジナル) | → | オREジナー |
| | | |
| Pacific(パシフィック) | → | パセフィック |
| Pencil(ペンシル) | → | ペンソー |
| Picture(ピクチャー) | → | ペクチャー |
| Position(ポジション) | → | ポゼション |
| President(プレジデント) | → | プレゼデン |
| Promise(プロミス) | → | プロメス |
| Quality(クオリティ) | → | クアREティ |
| Quintet(クインテット) | → | クエンテット |
| | | |
| Rip(リップ) | → | REップ |
| River(リバー) | → | REバー |
| Raisin(レーズン) | → | REIゼン |
| Recipe(レシピ) | → | REセピ |
| Refrigerator(リフリジレーター) | → | REフREジャレイター |
| Resident(レジデント) | → | REゼデン |
| | | |
| Sacrifice(サクリファイス) | → | サクREファイス |
| Script(スクリプト) | → | スクREプト |
| Security(セキュリティ) | → | セキュREティ |
| Sentimental(センチメンタル) | → | センテェメノー |
| Signify(シグニファイ) | → | セグネファイ |
| | | |
| Terminal(ターミナル) | → | ターメノー |
| Terrible(テリブル) | → | テREボー |
| Territory(テリトリー) | → | テREトリー |
| Testimony(テスティモニー) | → | テステェモニー |
| Totality(トータリティ) | → | トータLEティ |

| | | |
|---|---|---|
| Ultimate(アルティメイト) | → | アルテェメッ |
| Unanimous(ユナニマス) | → | ユナネマス |
| Unify(ユニファイ) | → | ユネファイ |
| University(ユニバーシティ) | → | ユネバーセリィ |
| Utility(ユーティリティ) | → | ユーティLEティ |
| | | |
| Vaccination(ヴァクシナーション) | → | ヴァクセネーション |
| Validity(ヴァリディティ) | → | ヴァLEディティ |
| Vanity(ヴァニティ) | → | ヴァネティ |
| Vindicate(ヴィンディケイト) | → | ヴェンデェケイ |
| Visible(ヴィジブル) | → | ヴェゼボー |
| Veracity(ヴェラシティ) | → | ヴェラセティ |

注:このリストに関しては焦点を「え段」にあてたので、あえてリエゾンはなるべく省きました。

## 動詞句（TWO-WORD VERBS）にはこんな変化が!!
## まとめてみたので練習してみよう！

動詞句に関しては、辞書では分かりにくいので、あえて訳及び例文を載せておきました。

| | 今までは学校英語 | これからはネイティブ!! | | 今までは学校英語 | これからはネイティブ!! |
|---|---|---|---|---|---|
| | <い段> | <え段> | | <に段> | <ね段> |
| 1.do it up | ドゥイットアップ | ドゥエラップ | 18.clean it out | クリーニットアウト | クリーネラウ |
| 2.throw it out | スローイットアウト | throw イットアウト | throw エラウ | 19.turn it over | ターンニットオーvァー | ターネローvァー |
| 3.do it over | ドゥイットオーvァー | ドゥエローvァー | | <び段> | <ベ段> |
| | | | 20.give it up | ギヴィットアップ | ギveラップ |
| 4.back it up | バッキットアップ | バッケラップ | 21.have it out | ハヴィットアウト | ハveラウ |
| 5.check it out | チェッキットアウト | チェケラウッ | 22.give it away | ギヴィットアウェイ | ギveラウェイ |
| 6.knock it off | ノッキットフ | ナッケロフ | | <び段> | <ベ段> |
| 7.look it up | ルキタップ | ルケラップ | 23.keep it up | キーピッタップ | キーペラップ |
| | <ぎ段> | <げ段> | 24.drop it off | ドロッピットオフ | ドラッペロフ |
| 8.hang it up | ハンギタップ | ハンゲラップ | 25.sleep it off | スリーピットオフ | スリーペロフ |
| 9.bring it out | ブリンギットアウト | ブリンゲラウ | | <み段> | <め段> |
| 10.bring it over | ブリンギットオーvァー | ブリンゲローvァー | 26.dream it up | ドリーミッタップ | ドリーメラップ |
| | <し段> | <せ段> | | <り段> | <れ段> |
| 11.cross it out | クロッシイットアウト | クロッセラウ | 27.call it in | コーliットイン | コーleリン |
| 12.fix it on | フィックシイットオン | フィクセロン | 28.call it off | コーliットオフ | コーleロフ |
| | | | 29.fill it in | フィliットイン | フィleリン |
| 13.eat it up | イーチタップ | イーテラップ | 30.fill it out | フィliットアウト | フィleラウ |
| 14.point it out | ポインティットアウト | ポインテラウ | 31.fill it up | フィliットアップ | フレラップ |
| | <ち段> | <て段> | 32.pull it off | プリットオフ | プleロフ |
| 15.add it up | アッドイット | アデェラップ | 33.spell it out | スペliットアウト | スペleラウ |
| 16.find it out | ファインディットアウト | ファインデラウ | | | |
| 17.hand it in | ハンデイットイン | ハンデリン | | | |

1.化粧直しする 2.捨てる 3.やり直す 4.後退させる 5.調べる 6.やめる 7.調べる 8.掛ける 9.引き出す 10.持ってくる
11.閉じる 12.取り付ける 13.食べ尽くす 14.指摘する 15.合計する 16.発見する 17.提出する 18.きれいにする 19.引き出す
20.やめる 21.抜き取る 22.譲る 23.続ける 24.下ろす 25.眠って回復する 26.思い付く 27.持ち帰る 28.中止する
29.知らせる 30.余白に書き入れる 31.満たす 32.やり遂げる 33.細かに説明する

### 動詞句（TWO-WORD VERBS）にはこんな使い方があります

1.I want to do it up special for the party.（パーティーのために、特別にお化粧を直したいんです。）
2.Don't worry. I won't throw it out.（心配しないで。捨てたりしないから。）
3.I'll do it over and have it ready by Monday（やり直して、月曜までに仕上げておきます。）
4. Just back it up a few feet, please.（ほんの2、3フィート後退させてください。）
5.When are you going to check it out?（いつ調べに行くの？）
6.Just knock it off during school.（学校にいる間だけはやめなさい。）
7.Just look it up in your dictionary.（辞書を引いて調べてみたら？）
8.Just hang it up, and I'll iron it for you.（そこに掛けといて、アイロンを掛けてあげるから。）
9.The dinner call will bring it out to the kitchen.（ご飯だよ、といえば台所に出てくるよ。）
10.I'll bring it over on Sunday and show it to you.（日曜日に持ってきて見せてあげるよ。）
11.Just cross it out and start over again.（線を引いて消して、もう一度はじめなさい。）
12.Where shall I fix it on?（どこに取り付ければいいの？）
13.We'll eat it up tomorrow.（あした全部食べちゃおう。）
14.Will you point it out when we come to it?（そばまで行ったら、指を指して教えてくださらない？）
15.I'll add it up and let you know.（合計してお知らせします。）
16.I can find it out easily.（簡単にわかります。）
17.I have to hand it in before the semester ends.（今学期の終わりまでには提出しなきゃ。）
18.I'll clean it out and then reorganize all the things.（中のものを全部出して入れなおします。）
19.Please turn it over to the Lost and Found office.（遺失物取扱所に引き渡してください。）
20.I had to give it up for my diet.（ダイエットをしていますからやめました。）
21.Did the doctor say he'd have to have it out?（医者はとらなきゃならないって言ったのか？）
22.Why don't you give it away to one of our neighbors?（ご近所のどなたかに譲ったら？）
23.Please keep it up until I ask you to stop.（私がやめてって言うまで続けてちょうだい。）
24.I'll drop it off in front of your house.（家の前で降ろしてあげるよ。）
25.Why don't you try to sleep it off with a short nap?（ちょっと昼寝でもして治したら？）
26.When did you dream it up?（いつそんなこと思い付いたの？）
27.The company had to call it in because some parts were defective.（いくつかの部品が欠陥品だったので、会社が持って帰ったんです。）
28.We'll call it off until a better time.（もっと都合の良いときまで延期しよう／中止して良い時を待とう。）
29. Please fill it in to what happened at the meeting.（ミーティングで何があったか知らせてください。）
30.Just fill it out, and return it to me.（必要事項を書き入れて、私に返してください。）
31.Please fill it up to the brim.（縁までなみなみと入れてください。）
32.I'm sure you'll pull it off with lots of hard work and a little luck.（一生懸命やって、ちょっとの運に恵まれれば、やり遂げられるわよ。）
33.You don't have to spell it out again to me.（何度も言わなくていいですよ。）

## ハイディの法則77いかがでしたか?

この本をきっかけに、さらにあなたの英語力が伸びれば、幸せに思います。
この本を手に取ったときの君の意志を忘れずに、
この本がよれよれになるまで隅から隅まで活用してほしい。
何回も何回も反復することによって発音、イントネーション、
ヒアリングが飛躍的に伸びていくこと間違いなし。

### さらに冒険心を持って、
### 法則以外のリエゾンをあなた自身で発見、
### そしてかつ応用していくことを必ず続けてください!

近い将来、君が英語をペラペラに話せるようになって、
さらに、英語を通じて世界中のたくさんの人たちと出逢えることを願って、
僕も心から君を応援するよ!
最後に、この本に対して感想や要望があったら、
僕にE-mailを送ってください。

```
E-mail      : hydeyano@hotmail.com
ホームページ : http://www.studentpower.com
```

# Take care!!

■CD吹き込み
ハイディ矢野　　　（Hyde Yano）
ラス・ヴェイラード　（Russ Veillard）

アンドリュー・ケラーマン　（Andrew Kellerman）　UCI在学
ライザ・シャバリン　　　　（Liza Chavarin）　　　UCI在学
ジャクリン・シャバリン　　（Jacqueline Chavarin）UCLA在学
サマー・ハバス　　　　　　（Samer Habbas）　　　UCLA在学
メリサ・サンチェズ　　　　（Melissa Sanchez）　　UCLA在学

　　　　　　　　UCI＝カリフォルニア大学アーバイン校
　　　　　　　　UCLA＝カリフォルニア大学ロスアンゼルス校

N. D. C. 831.1　191 p　21 cm

ハイディの法則77

2000年9月5日　第1刷発行
2020年8月4日　第20刷発行

著　者 — ハイディ矢野
さしえ — さとう有作
CD編集 — キングレコード株式会社
発行者 — 渡瀬昌彦
発行所 — 株式会社講談社
　　　　〒112-8001　東京都文京区音羽2-12-21
　　　　電話　販売　東京　03-5395-3606
　　　　　　　業務　東京　03-5395-3615

編　集 — 株式会社講談社エディトリアル
　　　代表　堺　公江
　　　〒112-0013　東京都文京区音羽1-17-18　護国寺SIAビル
　　　編集部　東京　03-5319-2171

印刷所 — 大日本印刷株式会社
製本所 — 株式会社国宝社

定価はカバーに表示してあります。
©Hyde Yano 2000, Printed in Japan

落丁本・乱丁本は、購入書店名を明記のうえ、講談社業務あてにお送りください。送料小社負担にてお取り替えいたします。
なお、この本についてのお問い合わせは、講談社エディトリアル宛にお願いいたします。本書のコピー、スキャン、デジタル化等の無断複製は著作権法上での例外を除き禁じられています。本書を代行業者等の第三者に依頼してスキャンやデジタル化することはたとえ個人や家庭内の利用でも著作権法違反です。

ISBN 4-06-209878-4